Hansjörg Falz, MERIAN-Chefredakteur

Liebe Leserin, lieber Leser,

laut Liste ist diese Ausgabe Heft-Nr. 12/74. 12 steht für den Monat Dezember, 74 für den vierundsiebzigsten Jahrgang seit der Erstausgabe. Ganz sicher können wir festhalten, dass MERIAN kurz vor dem 75. Geburtstag eine Premiere feiert: Diese Ausgabe folgt einem Konzept, das es in der Geschichte dieser Zeitschrift noch nie zuvor gab. Wir, die Redaktion, haben uns mit Vergnügen an der Liste aller Listen versucht. Überall, speziell in den sogenannten »sozialen Medien« werden uns Listen entgegengeschleudert. Frei nach dem Motto: die zehn schönsten Strände in Timbuktu (bevor Sie mir mailen: Ich weiß, es ist eine Oase!). Als meine Stellvertreterin Kathrin Sander und ich im Sommer mit unserem Kolumnisten Saša Stanišić zusammensaßen, erzählte er uns lächelnd, dass er Listen über alles liebt. Wir entwickelten daraufhin mit ihm gemeinsam die Idee, eine Deutschland-Ausgabe mit Listen zu füllen. Andersartigen Listen. Straßen, in denen man gerne wohnen würde (unsere Kolumnistin Kristine Bilkau). Kunst, der man im öffentlichen Raum zufällig begegnet. Speisen, für die sich jeder Umweg lohnt (kuratiert von Johann Lafer). Brücken, über die man gegangen sein muss. Und viele weitere informative wie unterhaltsame Themenblöcke. Es war auch glasklar, wer die Liebeserklärung an das Wesen der Liste schreibt: Saša Stanišić. Viel Vergnügen mit unserer ersten Wahl!

Herzlich Ihr

Hansjörg Falz

Imposante und inspirierende Vorläuferreihe: sechs Deutschland-Hefte, vier davon seit Corona-Beginn erschienen

DA SIEHT'S DOCH AUS WIE ...
Dubai. Ist aber Bremerhaven. Ein Round-the-World-Trip im eigenen Land

GROSSE KUNST im öffentlichen Raum, der man zufällig begegnet. Wir stellen zehn Meisterwerke vor

Inhalt

HOLLYWOODREIF
Karoline Herfurth stellt spannende Plätze für Filmproduktionen vor

TITEL: PHILIP KOSCHEL, FOTOS: STEFFEN/STOCK.ADOBE.COM, GREGOR ANTHES, ANNE WILK,

LÄUFT BEI IHM Bestsellerautor und MERIAN-Kolumnist Saša Stanišić nimmt uns mit auf seine liebsten Laufstrecken

»Schwangere Auster« nennen die Berliner schnoddrig ihre Kongresshalle. Davor steht eine Skulptur von Bildhauer Henry Moore

Unsere **Favoriten**

Wir zeigen Ihnen, liebe Leserinnen und Leser, als MERIAN-Redaktion mit jeder Ausgabe ein Stück von der Welt. Und entdecken dabei auch selbst immer wieder Orte, die uns begeistern. Für Sie haben wir **unsere persönlichen Highlights in Deutschland** zusammengestellt

Tanja Foley, Bildredakteurin **Glücksmomente am Strand**

Die Ferien standen an, als die Fotos zu einer Reportage meiner Kollegin Inka aus dem **Camp Regenbogen auf dem Darß** eintrafen. Ihre Kinder sahen so selig aus, das konnte nicht nur an der Fotografin liegen, das musste der Zauber der Location sein. Ich buchte sofort einen Mietwohnwagen für meine Söhne und mich. Rad fahren, Volleyball spielen, in den Dünen frühstücken, nur draußen sein: Die Bilder hatten nicht gelogen, live ist das Camp sogar noch besser. **regenbogen.ag**

Hansjoerg Falz, Chefredakteur

Matthaeus Merian zum Anfassen

Eine unscheinbare Tür in der Sakristei der **Nikolaikirche in Isny im Allgäu,** dahinter eine steile Treppe. Sie führt ins Turmzimmer, in dem sich seit 1462 die Bücherstube befindet. Prädikanten bildeten sich dort weiter und bereiteten ihre Predigten vor. Der Raum wurde weitgehend erhalten, ein Förderverein der städtischen Museen wacht über die kunstvoll verzierten Schriften von Gelehrten wie Zwingli, Melanchthon, Luther. Das kostbarste Stück ist die »Topographia Germaniae« des Verlegers, Kupferstechers und Namensgebers von MERIAN: Matthaeus Merian der Ältere, veröffentlicht ab 1643. Das jahrhundertealte Papier darf, wenn überhaupt, nur mit Handschuhen angefasst werden. »Wollen Sie mal?«, wurde ich beim Besuch gefragt. In solchen Momenten ist es ein großes Privileg, Chefredakteur dieses Magazins zu sein.

Inka Schmeling, Redakteurin

Die eruptive Kraft des Vogelsbergs

Wo das **größte Vulkangebiet Mitteleuropas** liegt? In Hessen, etwas nördlich von Frankfurt am Main. Im Sommer 2021 war ich für unseren Podcast »Reisen beginnt im Kopf« am Vogelsberg unterwegs – und so begeistert, dass ich in den Sommerferien auch mit meiner Familie hinfuhr. Schroffe Felsformationen hat das vor Jahrmillionen erkaltete Magma hinterlassen, Basaltsteine mit grünlichen Flecken. Als perfekten Einstieg für Forscherfamilien empfehle ich das Vulkaneum in Schotten.

vulkaneum.com

Kalle Harberg, Redakteur

Hochgefühle unter dem Radar

Touristen aus der ganzen Welt schießen Selfies im benachbarten Heidelberg, aber in Mannheim ist die Welt zu Hause! Bürger aus 166 Ländern leben in der gern übersehenen Stadt, das zeigt sich besonders im Multikulti-Zentrum, aber auch an meiner Lieblingsecke gleich daneben: Das **Szeneviertel Jungbusch** ist winzig, ziemlich abgerockt und genau mein Ding. Als ich am Ende meiner Recherche dort spontan zu einer Party auf einer Dachterrasse eingeladen wurde, war ich längst überzeugt: Hier könnte ich gut hinziehen!

Tanja Schmidt, Grafikerin

Einmal Hauptstadt zum Geburtstag

Während ich an den Layouts zum letzten MERIAN Berlin saß, kam in mir akute Hauptstadt-Sehnsucht auf – und eine Idee: Ich schenkte meinem Sohn zum 15. Geburtstag ein **Berlin-Wochenende.** Wir tauchten mitten hinein, schliefen in einem Hostel am Rosenthaler Platz (circus-berlin.de), spazierten durch die Reichstagskuppel und zur East Side Gallery. Highlight meines Sohnes war dann aber doch das Holzmarktgelände, wo wir abends mit Craft Beer und Limo an der Spree saßen.

holzmarkt.com

Violetta Bismor, Bildredakteurin

Sehnsucht nach tiefblauen Augen

Es sind die »Augen der Eifel«, **die Maare** (Foto), die mich in ihren Bann gezogen haben. Letztes Jahr war unser Fotograf Dominik Ketz in der Region unterwegs und schickte Luftaufnahmen der runden, mit Wasser gefüllten und grün umrandeten Vulkankrater. Seitdem träume ich davon, sie live zu sehen. Ich stelle mir vor wie ich den Maare-Pfad entlangwandere und erhitzt vom Laufen für eine Abkühlung ins Pulvermaar abtauche. Wie fühlt sich wohl das Wasser an? Sicherlich werde ich auch beim Maarmuseum Manderscheid stoppen, um die geologische Geschichte der Vulkaneifel besser zu verstehen. Und wenn ich zu Land und zu Wasser alles erkundet habe, werde ich auch gerne in einen Ultraleichtflieger steigen, um wie Dominik die Weite der Landschaft zu genießen.
maarmuseum.de

Jasmin Wolf, Chefin vom Dienst

Alte Hauptstadt neu belebt

»Angestaubte Verwaltungsstadt«, dachte ich lange, wenn ich **Bonn** hörte. Wie weit ich damit danebenlag, bewies mir das MERIAN Bonn – und mein darauffolgender Besuch. Ich lief durch eine Stadt mit vielen Studenten, eine internationale Stadt mit UN-Campus, eine Kulturstadt mit Museumsmeile und durch das schöne Gründerzeitviertel Südstadt. Meine liebste Terrasse in Bonn: die des Café »Nees« neben dem Poppelsdorfer Schloss im Botanischen Garten.
nees-bonn.de

Oliver Voß, Brand Owner

Wie Clueso mich aufhorchen ließ

Nach einem anstrengenden Tag auf einer Reisemesse in **Erfurt** spazierte ich vom Petersberg hinunter zum Domplatz – der an diesem Sommerabend Schauplatz eines Konzertes von Lokalmatador Clueso war. Überall saßen die Erfurter und hörten ihm zu. Etwas weiter, an der Krämerbrücke wieder Live-Musik: Die Schokoladenmanufaktur feierte ihr Sommerfest mit einer französischen Band und ihren Chansons. Seit diesem Abend bin ich großer Fan von Erfurt und den Erfurtern.

Inke Cron, Grafikerin

Beim Layouten eingekasselt

Kassel war für mich bis vor wenigen Jahren nicht mehr als ein Bahnhof. Dann kam das letzte MERIAN Kassel, und die Arbeit daran öffnete meinen Blick auf die Stadt. **Zur Documenta** 2017 fuhr ich hin, ließ den Bahnhof Wilhelmshöhe hinter mir und tauchte ein in die Stadt, die in Documenta-Jahren vollgesogen ist mit Kunst – bis in die Cafés und ja, den alten Bahnhof. Ich freue mich jetzt schon auf den kommenden MERIAN scout Kassel – und die Documenta 2022.
documenta-fifteen.de

FOTOS: DOMINIK KETZ, JEAN-BAPTISTE HÖPPNER, TANJA FOLEY, OLIVER VOSS, JONNA MATHILDA THIESSEN, ISABELA PACINI, CHRISTINA KÖRTE, GEORG KNOLL

Isa Johannsen,
Art Direktorin

Ein gutes Klima für Weltentdecker

Mein Sohn sah das **Klimahaus Bremerhaven** im MERIAN Bremen und war hin und weg: Kühe in der Schweiz, Wüstensand in der Sahara, Schnee in der Antarktis – alles unter einem Dach. Es war klar, wo unsere nächste Reise hingeht. Wir verbrachten Stunden in der Ausstellung, schwitzten, froren, staunten und hatten am Ende längst nicht alles gesehen. Wir kommen wieder, und dann gucken wir uns auch die »Wettershow« an!
klimahaus-bremerhaven.de

Kathrin Sander,
stellv. Chefredakteurin

Kleine Stadt mit großem Namen

Das Dorf, in dem ich aufgewachsen bin, heißt Meißen und liegt in Ostwestfalen. Schon als Kind wollte ich in das andere, berühmte **Meißen** an der Elbe. Das lag damals aber noch in einem anderen Land. Für unseren Podcast »Reisen beginnt im Kopf« war ich nun dort – und begeistert. Meißen hat nur knapp 30000 Einwohner, aber mit Dom, Albrechtsburg (Foto) und Porzellanmanufaktur – August der Starke ließ hier Europas erstes Porzellan herstellen – echte Hochkaräter und eine hübsche Innenstadt. Mein Hotel-Tipp: das liebevoll gestaltete »Fährhaus Meissen«, geführt von Christine und Fedder-Christian Paulsen aus Ostholstein. Die beiden haben mit 50 in Meißen nochmal neu angefangen und sich hier sofort wohlgefühlt. Auch das spricht für die Stadt.
designhotel-meissen.de

Stefanie Plarre, Redakteurin

Heimat revisited dank MERIAN scout

Wegen Corona hatte ich meine Heimatstadt Ludwigsburg länger nicht besucht. Dann kam ich in neuer Mission, für den MERIAN scout Stuttgart. Das Flair um Schloss und Marktplatz fand ich wieder, dort war alles wie immer. Aber da war noch mehr. Zwei Absolventen der Filmakademie zeigten mir ein neu belebtes, **sehr internationales Ludwigsburg –** bereichert um viele Läden, die ich nicht kannte. Jetzt einer meiner liebsten: Radwan Arnous' Bäckerei für arabische Süßigkeiten.

Körnerstr. 22

Katharina Oesten, Leiterin Bildredaktion

Neue Perspektiven im Saarland

Es ist schon gemein: Für zwei MERIAN-Ausgaben und einen MERIAN scout war ich in den Bilderwelten des Saarlands unterwegs – anders als die Fotografen aber nicht live dort. Noch nicht. Das deutsch-französische **Festival Perspectives** in Saarbrücken hat mich gepackt, 2022 möchte ich da hin. Theater, Musik, Zirkus – das wird auch meinen Kindern gefallen. Und ich weiß schon, wie ich sie sattkriege: mit Currywurst/Pommes von »Kalinski«.

kalinskibrueder.de
festival-perspectives.de

Jonas Morgenthaler, Redakteur

Ein dröhnendes Denkmal

Auf meiner Recherchereise durch Sachsen faszinierte mich besonders das Industrieerbe. Ein Höhepunkt war die **Energiefabrik Knappenrode** bei Hoyerswerda. Von 1918 bis 1993 wurde in dem gewaltigen Gebäude Kohle zu Briketts verarbeitet. Noch immer habe ich den Sound der Maschinen im Ohr, die regelmäßig für die Gäste angeworfen werden. Bald möchte ich wieder hin: Nach einem großen Umbau wurde das Industriedenkmal im Herbst 2020 mit neuen Ausstellungswelten wiedereröffnet.

Tinka Dippel, Redakteurin

Lange Nächte im kleinen Passau

MERIAN hat mir mein eigenes Land nähergebracht und mich angeschubst, Vorurteile, von denen mir gar nicht so bewusst war, dass ich sie hatte, zumindest zu relativieren. Eins davon: Passau ist erzkonservativ, und außerdem liegt da der Hund begraben. Obwohl in Bayern aufgewachsen, war ich nie dort gewesen. Dank MERIAN verbrachte ich dann mehrere Tage in der 50 000-Einwohner-Stadt. Und klar, Schweinebraten, Bier, der barocke Dom – ich genoss mein Klischee schon in vollen Zügen. Aber jeder Abend war überraschend lang. Ich erlebte den Kabarettisten Sigi Zimmerschied live **im legendären Scharfrichterhaus,** zog durch die Kneipen der Innstadt, trank einen Aperol Spritz in »Sello's Caffè Bar Centrale« (Foto), und ich hörte ein grandioses Konzert im MMK, dem Museum Moderner Kunst Wörlen. Wo auch immer der Hund begraben liegt, Passau ist es nicht.

scharfrichterhaus.de

DEINEN ERSTEN
LAPHROAIG
VERGISST DU NIE
"SCHMECKT WIE EINE MIT
TEER ÜBERZOGENE ZUCKERSTANGE
TORFIG, RAUCHIG,
ÜBERRASCHEND LECKER."
1815 ESTAB
LAPHROAIG
ISLAY SINGLE MALT
SCOTCH WHISKY
AGED 10 YEARS
OPINIONS WELCOME™
DRINK SMART®

Entdeckungstouren

Das richtige Hotel finden, Straßenbahnfahrten statt Stadttouren und faszinierende Naturwunder: eine kleine Deutschland-Reise

5 IDEEN FÜR HOTELBESUCHE

Wo man nicht auschecken möchte

Die richtige Unterkunft für die richtigen Momente und zum richtigen Anlass finden – eine Masteraufgabe bei der Reiseplanung

❶ Ein feines Haus, überraschend kinderlieb Vermutlich hätten Sie das Grand Hotel Heiligendamm eher wegen des Ostseeblicks ausgewählt, aber unsere Erfahrung sagt: für Familien gut geeignet.
Bad Doberan, Prof.-Dr.-Vogel-Str. 6
grandhotel-heiligendamm.de

❷ Feel good beim Städtetrip Auch wenn Businessreisen im Zuge der Digitalisierung an Bedeutung verloren haben, sind wir froh, dass es die 25 hours hotels in sechs deutschen Großstädten gibt. Hotels mit Persönlichkeit. Immer wieder erfreulich: die großen Duschen.
25hours-hotel.com

❸ Absolute Ruhe finden In dieser Kategorie lohnt es sich, etwas differenzierter hinzuschauen. Im Hotel Hohenhaus (Foto) bei Herleshausen treffen Sie zugleich einen Tempel der Kulinarik an, der von der eigenen Jagd und dem eigenen Gutshof profitiert. Wunderschön auch: der Weihnachtsmarkt. Im Bleiche Resort & Spa im Spreewald werden Sie glücklich, wenn Sie vor allem entspannen, träumen und baden wollen.
Hotel Hohenhaus Herleshausen, Hohenhaus 1, hohenhaus.de **Bleiche Resort & Spa** Burg im Spreewald, Bleichestr. 16, bleiche.de

❹ Urig, gemütlich und bodenständig leckere Küche Mal auf dem Weg in den Süden vor den Alpen als Zwischenstopp entdeckt: Landgasthof Karner in Frasdorf. 550 Jahre alte Bausubstanz wurde geschmackvoll zum Boutiquehotel modernisiert.
Frasdorf, Nußbaumstr. 6, landgasthof-karner.com

❺ Ziemlich skuril Wer sofort Teil der Party-Community sein will, ist im Michelberger in Berlin richtig. Das Bell Rock Hotel im größten Freizeitpark Europas hat originelle Themenzimmer.

Michelberger Hotel Berlin, Warschauer Str. 39-40, michelbergerhotel.com **Bell Rock Hotel** Rust, Peter-Thumb-Str. 6, europapark.de

FOTOS: STEPHAN LEMKE, HANS-G. UNRAU, SONJA SCHWARZ/FOTOGRAFIESONJASCHWARZ.DE

Sightseeing mit der Straßenbahn

München, Linie 19

Die schönste Strecke führt mit Linie 19 von Pasing über Hauptbahnhof, Stachus (aktuell Baustelle), durch die Fußgängerzone zu Max-Josef-Platz, Nationaltheater, Residenz und Maximilianstraße.

Start: Pasing. Ziel: Maximilianeum. Einzelfahrt 3,40 Euro, mvv-muenchen.de

Frankfurt, Linie 12

In 62 Minuten den Hauptbahnhof, Römer, Paulskirche und das hippe Viertel Bornheim sehen: Das geht mit der Linie 12.

Start: Fechenheim. Ziel: Schwanheim. Einzelfahrt 2,75 Euro, vgf-ffm.de

Dresden, Linie 4

Wein, Kunst und Kultur zum Fahrschein-Preis: Die Linie 4 führt von Laubegast bis fast nach Meißen. Man sieht Schloss Wackerbarth, Palais- und Theaterplatz, Neustädter Markt, Hofkirche, Residenzschloss.

Start: Laubegast. Ziel: Weinböhla. Tageskarte 6,50 Euro, dvb.de

Kassel, Linie 1

Von der Innenstadt mit Linie 1 bis zur Endhaltestelle. Am besten vom Königsplatz durch die Fußgängerzone zum Rathaus, vorbei am Brüder-Grimm-Platz entlang der Wilhelmshöher Allee, dem ICE-Bahnhof zum Bergpark Wilhelmshöhe (Schloss und Herkules).

Start: Königsplatz. Ziel: Wilhelmshöhe (Park). Einzelfahrt 3 Euro, kvg.de

Düsseldorf, Linie 701

Zurücklehnen, genießen: 20 Stationen, die Sehenswertes zeigen, darunter die Einkaufsmeile Nordstraße, Kö-Bogen und Hofgarten.

Start: D-Dome. Ziel: Berliner Allee. Einzelfahrt 2,90 Euro, rheinbahn.de

TOP 7 Naturwunder, die man gesehen haben muss

❶ **Externsteine** Diese Sandstein-Giganten tragen einen großen Spitznamen zu Recht: »Stonehenge« des Teutoburger Waldes (Foto). Eine Aussichtsplattform belohnt alle, die hinaufsteigen, mit einem tollen Blick auf Ostwestfalen.

❷ **Blautopf** Wassermassen in karibischem Türkis drängen bei Blaubeuren aus einem weit verzweigten Höhlensystem an die Oberfläche.

❸ **Lange Anna** Helgolands Wahrzeichen. Der schmale, hohe Felsblock aus rotem Buntsandstein trotzt der Nordsee-Brandung am nördlichen Ende der Insel.

❹ **Zeckenstein** Von Tüchersfeld in der Fränkischen Schweiz führt der mit Geländern gesicherte Aufstieg zum Aussichtspunkt.

❺ **Breitachklamm** Die tiefste Felsenschlucht Mitteleuropas bei Oberstdorf. Für alle, die die Kraft des Wassers spüren wollen.

❻ **Zwölf Apostel** Nicht die in Australien! Ideal für eine wunderschöne Rad- oder Wandertour abseits der eingetretenen Pfade im Altmühltal.

❼ **Kniepsand** Die beeindruckende Sandbank in der Nordsee liegt westlich von Amrum – und ist erfreulicherweise oft noch menschenleer.

WO ES SICH LOHNT, BEI DER PRODUKTION ZUZUSEHEN

Gläserne Manufakturen

Es gibt viel zu sehen und nichts zu verbergen. Diese souveräne Überlegung steht hinter der Idee der »Gläsernen Manufaktur«. So hat das Unternehmen Wiltmann seine Produktion für Besucher geöffnet. Eine 100 Meter lange Galerie erlaubt Besuchern Einblicke in die Wurstproduktion. Eine fachkundig geleitete Führung beantwortet alle Arten von Fragen. Auch bei Röstereien, Schokolaterien, Käsereien und beim Bonbonkochen darf man mitunter zuschauen.

Franz Wiltmann GmbH & Co. KG
Versmold, Anmeldungen:
Tel. 05423 17220, wiltmann.de

Gläserne Patisserie: Schokodeern
Kiel, Holtenauer Str. 106, schokodeern.de

Kaffeerösterei: Maldaner Coffee Roasters
Wiesbaden, Hellmundstr. 27, roastmarket.de

Bio-Schaukäserei: Hafenkäserei Münster, Am Mittelhafen 20, hafenkaeserei.de

Bonbonkocherei: Hermann Hinrichs
Eckernförde, Frau-Clara-Str. 22
bonbonkocherei.de

Backstubenbesichtigung: Wilhelmi's Brotkorb Schifferstadt, Im Lettenhorst 23
baeckerei-wilhelmi.de

Top 9 Plattenläden

Unser Kolumnist **Hans Zippert** steht auf Vinyl und geht im ganzen Land auf die Jagd nach Schallplatten. Hier sind seine Lieblingsläden:

Second Hand Records
in Stuttgart, Leuschnerstr. 3
secondhandrecords.de

Marleen Records
in Fulda, Löherstr. 15
marleenrecords.wordpress.com

Scheibenbeisser
in Kassel, Fünffensterstr. 6
scheibenbeisser.de

Vinyl-Reservat
in Göttingen, Rote Str. 17
vinyl-reservat.de

25 Music
in Hannover, Kronenstr. 12
25music.de

The Record Store
in Berlin, Invalidenstr. 148
de-de.facebook.com/TheRecordStoreBerlin

BlueSite Record Shop
in Bielefeld, Stapenhorststr. 19
bluesiterecords.de

Zardoz
in Hamburg, Marktstr. 55
zardoz-schallplatten.de

Sick Wreckords
in Frankfurt, Schulstr. 1
sickwreckords.de

FOTO: DARSHANA BORGES, CHRISTIAN PROTTE , ILLUSTRATION: HITEN666/STOCK.ADOBE.COM

MERIAN cewe

GROSSER FOTOWETTBEWERB
ZEIGEN SIE IHRE BESTEN BILDER

Jetzt mitmachen! Wir suchen Fotos zu: SCHWÄBISCHE ALB, LUXEMBURG & ESCH-SUR-ALZETTE, SACHSEN-ANHALT

Traumreise für 10 000 € zu gewinnen

»Die Lust am Reisen« – unter diesem Motto suchen MERIAN und CEWE die schönsten Leserfotos. Senden Sie Ihre Lieblingsbilder aus aller Welt ein! Hauptgewinn ist eine exklusive Tour im Wert von 10 000 Euro: Sie begleiten einen MERIAN-Fotografen auf seiner Recherchereise an ein besonderes Urlaubsziel. Mitmachen ist ganz einfach – und **Sie haben sogar zwei Gewinnchancen!**

In Kooperation mit CEWE, Europas führendem Fotoservice

1. CHANCE: LESERFOTO DES MONATS

Jeden Monat werden Ihre besten Fotos zum nächsten Heftthema gesucht. einfach online hochladen und mitmachen! MERIAN prämiert das beste Leserfoto und veröffentlicht es im Heft (s. S. 16). Die Themen: **Schwäbische Alb, Luxemburg & Esch-sur-Alzette, Sachsen-Anhalt.** Das Motiv darf frei gewählt werden, ob Landschaft oder Straßenszene – der Fantasie sind keine Grenzen gesetzt. Jeder Monatsgewinner erhält einen CEWE FOTOBUCH Gutschein im Wert von 50 Euro sowie ein MERIAN-Jahresabonnement.

2. CHANCE: FOTO DES JAHRES

Jedes hochgeladene Foto hat dazu automatisch die Chance, das Foto des Jahres zu werden. Für diesen Wettbewerb dürfen Sie auch Bilder von anderen Zielen einsenden. Alles, was zum Motto »Die Lust am Reisen« passt, ist erlaubt: Motive von besonders schönen, originellen oder amüsanten Momenten genauso wie Fotos, die im Gedächtnis bleiben. Die Auswahl trifft eine Expertenjury – und dem Sieger winkt eine exklusive Reise im Wert von 10 000 Euro.

Alle weiteren Infos: www.merian.de/leserfotos

Mit nur einem zusätzlichen Klick können Sie auch am CEWE-Fotowettbewerb »Our world is beautiful« teilnehmen!

FOTOS: NAME NACHNAME

MAX WINKLER

aus Kassel schoss das Leserfoto des Monats, das die Krämerbrücke in Erfurt zeigt, die einzige vollständig bebaute Brücke nördlich der Alpen. »Besonders faszinierend waren für mich die Ruhe und die märchenhafte Verträumtheit, die von der Brücke ausgingen.«
Max Winkler, 26, hat in Erfurt Soziologie studiert, mittlerweile lebt er wieder in seiner Geburtsstadt Kassel. Fotografie bedeutet für ihn in erster Linie dokumentieren. »Die Fotografie macht Erlebnisse und Orte teilbar und, wenn es richtig gut läuft, erlebbar.« Fotos seien seine Quelle der Inspiration für Reisen. »Wie oft bin ich in ein fremdes Land gefahren, aufgrund von wenigen Fotos.« Bilder hätten für ihn Signalwirkung: »Ich muss da hin!«

» Besonders faszinierend waren für mich die Ruhe und die märchenhafte Verträumtheit, die von der Brücke ausgingen.«

DAS SAGT DIE JURY

Violetta Bismor, MERIAN-Fotoredakteurin: »So wie in diesem Bild stelle ich mir in meinen Träumen einen zauberhaften Winterabend vor. Es wirkt wie eine Filmkulisse, und doch ist es schön zu wissen, dass solche Orte real existieren. Ich schlendere in Gedanken diese Straße entlang, umhüllt von meinem Mantel und den warmen Farben der Lampen und Häuser. Gerade zur Winterzeit sehnt man sich nach Stille und innerer Einkehr. Dieses Motiv gibt mir ein wohliges Gefühl der Ruhe. Ich möchte dort stehen und die Schneeflocken in meinem Gesicht spüren.«

FOTOS: NICO KUBETSCHEK, MAX WINKLER, JEAN-BAPTISTE HÖPPNER

WEITE WELT GANZ NAH

Frankreich und Fernost, die USA und Dubai:
alles gar nicht weit weg. Wir nehmen Sie mit auf einen Round-the-World-Trip im eigenen Land!

TEXT **THORSTEN KOLLE**

SÄCHSISCHE SCHWEIZ // ZHANGJIAJIE-NATIONALPARK, PROVINZ HUNAN, CHINA

Wie bei der Geburt getrennte Zwillinge wirken die Landschaften des chinesischen Nationalparks Zhangjiajie und des Elbsandsteingebirges mit der Felsformation Bastei in der Sächsischen Schweiz. Rund 8000 Kilometer liegen zwischen den beiden Schönheiten, die jede für sich Generationen von Künstlern inspirierten. So malte etwa Caspar David Friedrich nach Motiven der Bastei; die rund 3000 chinesischen Felsnadeln waren Vorbild für die am Computer entstandene Welt »Pandora«, Schauplatz des Hollywood-Blockbusters »Avatar«. Natürlich ist in China alles ein bisschen größer; so führt die längste Seilbahn der Welt (sieben Kilometer, über 1200 Höhenmeter) durch die Tianzi-Berge. Die Sächsin ist bescheidener, aber nicht minder reizvoll. Die Bastei erschließt man sich zu Fuß – über eine Treppe mit 487 Stufen, 1814 in den Fels gemeißelt.

FOTOS: VALENTIN WOLF/IMAGEBROKER RF/GETTY IMAGES, DMITRY RUKHLENKO/STOCK.ADOBE.COM

ATLANTIC HOTEL SAIL CITY BREMERHAVEN // BURJ AL ARAB, DUBAI

Made in Germany ist ein Gütesiegel, das manches Mal schon kopiert wurde. Wir können aber auch andersrum: Das »Atlantic Hotel Sail City« in Bremerhaven erinnert nicht bloß zufällig an den »Turm der Araber«, den »Burj al Arab« in Dubai. Die Form beider Gebäude stellt ein Segel dar, das Bremerhavener streckt sich über bescheidene 23 Stockwerke auf 147 Metern in den hanseatischen Himmel. Die Mutter aller Türme in den Vereinigten Arabischen Emiraten protzt hingegen mit 60 Etagen und 321 Höhenmetern – aber hey, Bremerhaven ist ja wohl mindestens so eine traditionelle Hafenstadt wie Dubai. Davon erzählen im Alten Hafen unter anderem das Deutsche Schifffahrtsmuseum und das Deutsche Auswandererhaus. Dubais Antwort: große, glitzernde Shopping-Malls.

FOTOS: LUCIANO MORTULA-LGM/STOCK.ADOBE.COM, STEFFEN/STOCK.ADOBE

SAARSCHLEIFE, SAARLAND // GEIRANGERFJORD, NORWEGEN

Verblüffend, welche Ähnlichkeit die Große Saarschleife bei Mettlach aufweist mit den Kurven des norwegischen Geirangerfjords, rund 200 Kilometer nordwestlich von Bergen. Der Blick vom Aussichtspunkt Cloef in Orscholz ist spektakulär. Das harte Quarzitgestein zwingt den Fluss hier zu einer Haarnadelkurve, fast parallel fließt die Saar nach dem Wendepunkt wieder zurück in südöstliche Richtung, bevor sie sich nach einem Umweg von rund zehn Kilometern bei Mettlach entschließt, gen Norden zur Mosel zu ziehen. Das Trogtal des norwegischen Fjords hingegen formten die Gletscher der Quartäreiszeit, der Fjord wurde 2005 zum UNESCO-Weltnaturerbe erklärt. Wir finden: Das hätte die Saarschleife auch verdient.

FOTOS: ISABELA PACINI, ALEXANDERNIKIFOROV/STOCK.ADOBE.COM

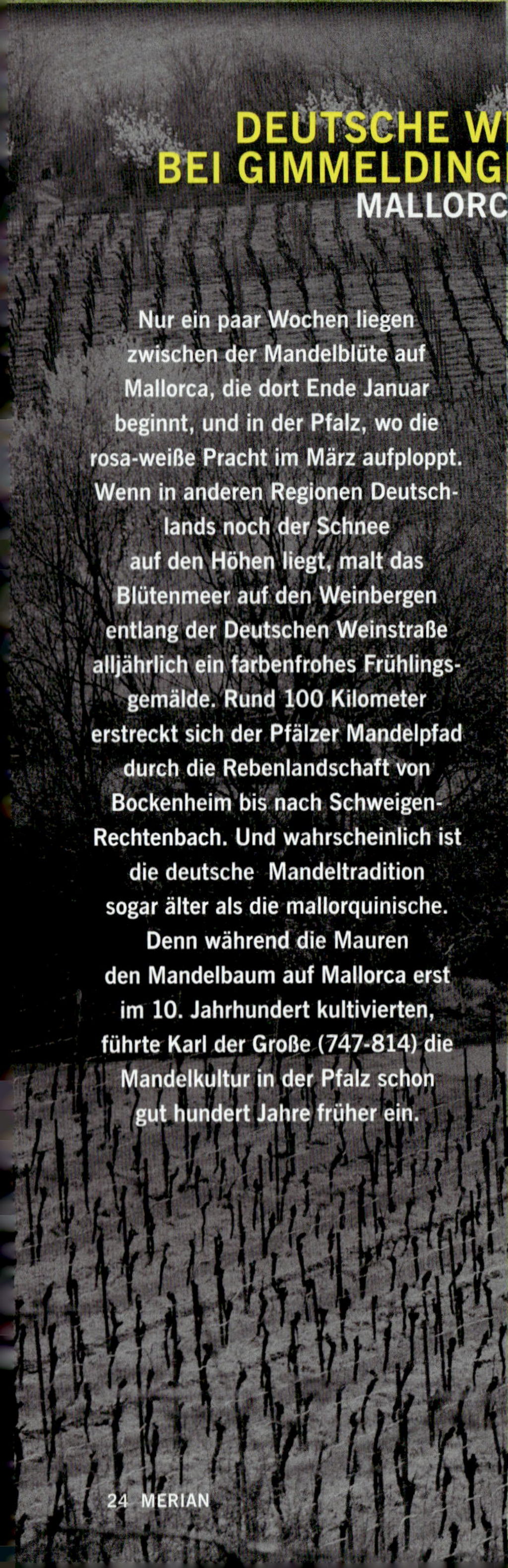

DEUTSCHE WEINSTRASSE BEI GIMMELDINGEN, PFALZ // MALLORCA, SPANIEN

Nur ein paar Wochen liegen zwischen der Mandelblüte auf Mallorca, die dort Ende Januar beginnt, und in der Pfalz, wo die rosa-weiße Pracht im März aufploppt. Wenn in anderen Regionen Deutschlands noch der Schnee auf den Höhen liegt, malt das Blütenmeer auf den Weinbergen entlang der Deutschen Weinstraße alljährlich ein farbenfrohes Frühlingsgemälde. Rund 100 Kilometer erstreckt sich der Pfälzer Mandelpfad durch die Rebenlandschaft von Bockenheim bis nach Schweigen-Rechtenbach. Und wahrscheinlich ist die deutsche Mandeltradition sogar älter als die mallorquinische. Denn während die Mauren den Mandelbaum auf Mallorca erst im 10. Jahrhundert kultivierten, führte Karl der Große (747-814) die Mandelkultur in der Pfalz schon gut hundert Jahre früher ein.

FOTOS: SEBAS/STOCK.ADOBE.COM; DOMINIK KETZ/RPT

MEDIENHAFEN DÜSSELDORF // TANZENDES HAUS, PRAG

Etwa zeitgleich entstanden Mitte der 1990er Jahre in Prag das »Tanzende Haus« sowie im Düsseldorfer Medienhafen die »Krummen Häuser«. Kein Wunder, führte doch bei beiden Entwürfen der kanadische Star-Architekt Frank Gehry die Feder. Symmetrie ade, willkommen im Dekonstruktivismus. An der Moldau wurde in der Planungsphase ebenso kontrovers über den geplanten Bau diskutiert wie am Rhein. Mittlerweile gehören die als Bürogebäude genutzten und längst preisgekrönten Bauten in Düsseldorf wie in Prag zu den absoluten Publikumsmagneten. Manchmal braucht es eben etwas Zeit, bis ein kühner, neuer Schwung aus Übersee auch in Europas Metropolen zum Hit wird.

FOTOS: RUPERT OBERHAUSER/ALAMY STOCK PHOTO; GREGOR LENGLER

RÜGENS KREIDEFELSEN // ETRETAT, NORMANDIE, FRANKREICH

Ganz in Weiß – so trotzen die Steilküsten vor Etretat in der Normandie und im Jasmund-Nationalpark auf Rügen der See. Jedenfalls versuchen sie es. Die weiche Kreide verliert auf Sicht gesehen diesen Kampf, immer wieder lösen sich große Felsstücke, Erosion verändert das Profil der Klippen. Dabei ist der »Blanke Hans« weder am Ärmelkanal noch an der Ostsee der Hauptschuldige beim Angriff auf die Wahrzeichen. Wissenschaftler fanden heraus, dass eine hohe Luftfeuchte durch ergiebige Regenfälle verantwortlich ist. Wenn der Wassergehalt in der Kreide zu hoch wird, gerät das Gestein ins Rutschen. Prognosen besagen, dass der Klimawandel mit trockenerer Luft für den Erhalt der Klippen von Vorteil wäre. Allerdings würden die veränderten Bedingungen den Angriff der See verstärken – wie man's dreht und wendet, Kreideklippen haben es auch nicht leicht: Sie sind wunderschön, aber eigentlich nicht die Idealbesetzung in Sachen Stabilität.

FOTOS: FABIO NODARI/STOCK.ADOBE.COM; CHRISTOPH WORSCH/IMAGO IMAGES

SCHWEBEBAHN WUPPERTAL // MONORAIL MEMPHIS, TENNESSEE, USA

In Amerika ist immer alles größer? Von wegen! Nicht wenn es um Schwebebahnen geht. Das Wuppertaler Wahrzeichen ist klarer Punktsieger gegen die »Mud Island Monorail« in Memphis, Tennessee. Die gondelt nämlich nur schlappe 518 Meter über den Wolf River, einen Nebenarm des Mississippi. Zwei Minuten dauert es, bis die Fahrgäste auf der anderen Seite sind. An der Wupper hingegen beträgt die Streckenlänge stattliche 13,3 Kilometer, zwischen den Endhaltestellen Vohwinkel und Oberbarmen ist man 28 bis 30 Minuten unterwegs. Und geschwebt wird in Wuppertal bereits seit 1901, in Memphis erst seit 1982.

FOTOS: MAJONIT/STOCK.ADOBE.COM, JOHN COLETTI/GETTY IMAGES

LÜNEBURGER HEIDE // VALENSOLE, PROVENCE, FRANKREICH

Lila macht Laune. Ob in der Provence auf der Hochebene von Valensole oder im Talkessel Totengrund in der Lüneburger Heide – das blühende Farbspektakel von Lavendel und Heide ist spektakulär und absolut vergleichbar. Vielleicht ist das Licht bei Sonnenaufgang in Frankreichs Süden noch etwas weicher als in der Norddeutschen Tiefebene, verstecken muss sich »Erica« aber nicht hinter »Lavendula«. Und das Schöne ist, sie konkurrieren auch gar nicht direkt miteinander. Der Lavendel in Frankreich steht von Anfang Juli bis Anfang August in voller Blüte, wenn dann die violette Saison dort endet, beginnt sie in der Lüneburger Heide gerade erst. Erst Anfang September ist dann auch in der Heide die Lila-Laune-Saison vorbei.

FOTOS: RUZI/STOCK.ADOBE.COM; RONNYBAS/STOCK.ADOBE.COM

Warum ich **Listen** so liebe

Unser Kolumnist sagt, dass er sein Leben auf Listen aufbaut. **Saŝa Staniŝić,** Autor von Bestsellern wie »Vor dem Fest« und »Herkunft«. Gemeinsam mit der Redaktion hat er sich das Konzept für dieses Heft ausgedacht

Saša Stanišić *wurde 1978 in Visegrad in Bosnien-Herzegowina geboren. Seine Erzählungen und Romane wurden vielfach ausgezeichnet (Leipziger Buchmesse, Deutscher Buchpreis 2019) und in mehr als 30 Sprachen übersetzt. Er lebt seit 1992 in Deutschland, ist verheiratet und hat einen Sohn.*

FOTO: STAR-MEDIA/IMAGO IMAGES

Hier ist meine Top drei der Bahnhöfe.

3. Stuttgart.

Super für Liebhaber von Megabaustellen. Vom alten Bahnhof aus kann man das Loch beobachten, in das der neue Bahnhof gepflanzt wurde und nun wächst.

Horror für alle anderen.

2. Hamm.

Super für Liebhaber der berühmten Zugteilung in Hamm. Ich fahre da manchmal extra nur deswegen hin.

Und gleich wieder zurück.

1. Antwerpen-Centraal, Belgien.

Ja, was ist denn hier los? Das erste Mal in Antwerpen dachte ich, ich wäre in einem Märchen ausgestiegen, so filigran-ornamental war dort alles, jede Säule, jedes Fenster, die Farben, sogar die Bahnhofsangestellten trugen wilde Bärte oder ritten auf Besen!

Ich baue mein Leben auf Listen. Listen sind

a. meine Struktur

und auch

b. meine alltägliche Prozedur,

mit der ich Wahrnehmungen festhalte in Kleinstgeschichten – jeder Listenpunkt eine eigene Welt.

Sie sind aber auch

c. Gedankenvertrieb der Zeit beim Warten

Sehr oft – gerade unterwegs, gerade an Bahnhöfen – notiere ich Eindrücke und Fiktionen um meine Anwesenheit herum als Listen. Vor mir liegen die Notizen der Reise nach Saarbrücken und Wangen im September 2021. Sechs Listen in drei Tagen:

1. Liste von Gedanken,

die Wartende in Hamburg-Altona am Bahnsteig gerade vielleicht haben.

2. Liste von Kosenamen,

die jemand namens »Manfred«, im Vierer schräg gegenüber viel zu laut in sein Telefon »haucht« an

a) »meine Katze«,

b) »mein Vitaminchen«,

c) »meinen Fruchtzwerg«,

d) »meinen Kürbis (?)«.

3. Liste von Ängsten,

die ich um meinen Sohn und seine Zukunft habe.

4. Liste von Tieren.

Taube, Fliege, Wespe, Mücke, Rotkehlchen, Statue von einem Esel, Kuh, Schaf, Pferd, Albatros.

5. Liste von schön vorbeiziehenden Landschaften.

Auf der Eins natürlich die Kasseler Berge, dicht dahinter zieht das helle Allgäu rural vorbei.

6. Im Allgäu gehe ich joggen

und spreche dabei eine Liste von Gegenständen/Dingen/Gedanken in mein Smartphone, die irgendwie nicht in die Landschaft passen:

a) »Heimat ist da, wo der Käse nicht so teuer ist«
b) Ein Erdhügel.
Dort vergraben: ein Wal, der sich, so eine Allgäuer Legende, die ich erfinde, in eine Kuh aus der Gegend verliebt hatte. Irgendwann hielt er es in seinem großen Meer ohne sie nicht mehr aus und kam ins Allgäu, wo die Bauern natürlich nichts wissen wollten von der Liebschaft. Er konnte sie überzeugen, sie liebte ihn ja auch sehr, und nachdem er gestorben war, wurde er hier beigesetzt.
c) Ein Pin im Moos, ein Albatros,
ich nehme ihn mit, kehre später um und lege ihn zurück.
d) Ein Eimer auf einem Waldweg, darin eine Einkaufsliste:
Wurst
Katzenfutter
Milch
Sahne
Tomaten
Vitamin C
Brot
Kürbis
Chips und Hüte für Manfreds Geburtstag.

Auch in meinen Büchern komme ich ohne Listen nicht aus. Neulich hörte ich inkognito einem Vortrag über das Thema »Liste bei Stanišić« zu. Als Kind listete ich auf, was ich am nächsten Tag nicht tun werde und hielt mich nie daran. Einmal war »keinen Quatsch erzählen« darunter. Auch daran hielt ich mich, meine ich, nicht. Auch heute nicht, und wären meine Listen nicht, wäre es noch schlimmer; die Liste verdichtet den Quatsch, lässt ihn ordentlich wirken, erdet ihn, erdet meinen Quatsch.
1. Oft aber
2. auch
3. nicht.

Hier ist eine Liste von Unterwegsaugenblicken, die unvergessen bleiben:
1. Aufwachen auf einem Segelboot
vor der adriatischen Insel Korčula, *dieses* Licht voll Salz und Möglichkeiten.
2. Mit meinem Sohn im Kayak auf dem Labussee in Meck-Pomm.
Sein fröhlicher Hinterkopf, sein Elan, sein Stolz über die eigene Kraft.
3. Eine abgelegene Staubpiste in Südfrankreich
auf dem Weg nach Alet-les-Bains, als vermeintliche Abkürzung mit dem Mietwagen angesteuert, eng geführt zwischen Schafen und Felsen, mit ihr auf dem Beifahrersitz, die auch die gefährlichen Momente mit Leichtigkeit nahm, und hoch oben: anhalten, aussteigen, nicht viel sagen, wissen: Wir definieren uns durch Erfahrungen, wir verbinden uns durch Erlebnisse wie dieses. Schnell wieder rein, vielleicht sind Wölfe denkbar.
4. Mit Freunden im Harz,
in der Sächsischen Schweiz, entlang des Rheins, in Südtirol, auf einem umbrischen Schloss, im Wendland, im Fränkischen, Rückenschweiß, Wanderbierchen, Blasenpflaster, Listen der Orte, an die wir gemeinsam noch hinwollen: unendlich lang. ■

Als Kind listete ich auf, was ich am nächsten Tag nicht tun werde und hielt mich nie daran. Einmal war »keinen Quatsch erzählen« darunter. Auch daran hielt ich mich, meine ich, nicht.

WILTMANN. SIEHT MAN. SCHMECKT MAN.
WILTMANN
MARKE FÜR GENIESSER
PFEFFER SALAMI
Original WILTMANN Wiltmann
Die Marke für Genießer.
www.wiltmann.de

10 Kunstwerke, die mitten im Leben stehen …

… oder hängen. Unsere kleine Open-Air-Galerie bringt Sie an bedeutende Orte in deutschen Großstädten – ins Zentrum Berlins, mitten in den größten Binnenhafen der Welt oder auf den Frankfurter Uni-Campus – und zeigt Ihnen unsere Favoriten für **Kunst im öffentlichen Raum**

1

SPHERE VON OLAFUR ELIASSON, MÜNCHEN 2003

Sie wirkt leicht, die Kugel, die im Viscardihof, einem der »Fünf Höfe« im Zentrum Münchens, nah über den Köpfen der Menschen zu schweben scheint. Ist sie aber nicht, sie hat einen Durchmesser von zehn Metern und wiegt acht Tonnen. Das Geflecht, das ihre Form bildet, besteht aus Stahl-Bändern. Ausgedacht hat sich die Skulptur Olafur Eliasson, ein Meister des Tageslichts – das in den nach oben offenen Hof flutet und durch die Struktur von »Sphere« ein wechselndes Schattenspiel an die Wände und in die Schaufenster der angrenzenden Designerläden und Cafés wirft. Eine Show war der Einzug der Kugel, sie wurde per Kran in den Hof gehievt.

FOTO: WERNER BÖHM/MÜNCHEN TOURISMUS

ADORNO-DENKMAL Der Frankfurter Philosoph, Soziologe und Komponist Adorno (1903-69) hat seinen fiktiven Schreibtisch auf dem Gelände der Goethe-Universität

2

ADORNO-DENKMAL VON VADIM ZAKHAROV, FRANKFURT 2003

Als hätte sich ein Moment in einer Zeitkapsel auf den Campus Westend der Goethe-Universität in Frankfurt am Main gebeamt – der Moment, in dem der große Denker der Stadt kurz vom Schreibtisch aufgestanden ist: Zu Theodor W. Adornos 100. Geburtstag wurde im Oktober 2003 diese Installation des Künstlers Vadim Zakharov in Bockenheim eingeweiht, 2016 zog sie um. In einem Glaskubus mit einer Kantenlänge von zweieinhalb Metern steht ein Schreibtisch mit abgerücktem Stuhl auf Parkettboden. Auf dem Tisch: eine Ausgabe von Adornos »Negativer Dialektik«. Neben dem Kubus sind auf Steinplatten Zitate Adornos zu lesen.

3

RHEINORANGE VON LUTZ FRITSCH, DUISBURG 1992

Dort, wo die Ruhr in den Rhein mündet, am Rheinkilometer 780, steht diese Stele beeindruckenden Ausmaßes: 25 Meter hoch, sieben Meter breit, einen Meter tief. Und 83 Tonnen schwer, die Plastik des Kölner Bildhauers Lutz Fritsch besteht aus Stahl – und sie steht für den Stahl beziehungsweise dessen Produktion, die viele Jahrzehnte das Ruhrgebiet prägte. Lackiert ist sie im Farbton RAL 2004 oder »Reinorange«, aus dem Fritsch den Namen abgeleitet hat. Längst ist sein »Rheinorange« ein Wahrzeichen des Duisburger Hafens, des größten Binnenhafens der Welt, in dem man noch mehr Kunst entdecken kann, etwa im Museum Küppersmühle.

4

DER VERTIKALE ERDKILOMETER VON WALTER DE MARIA, KASSEL 1977

Dass dieses Werk, dessen sichtbarer Teil aus einer Kreisfläche aus Messing mit fünf Zentimeter Durchmesser besteht, einst 750 000 Mark kostete, hat einen ein Kilometer tiefen Grund: So weit geht der unsichtbare Teil des Werks in die Erde. Zur Documenta 6 ließ Walter de Maria unter Aufsicht eines Geologen auf dem Friedrichsplatz 1000 Meter tief bohren. Dann versenkte er 167 sechs Meter lange Messingstäbe aneinandergesteckt in dem Loch, füllte den Rand mit Beton und umgab die Kreisfläche mit einer quadratischen Sandsteinplatte. Die Dimension des Werks erschließt sich in der Vorstellung der Betrachter. Was Sie sehen, ist nur sein oberstes Ende.

FOTOS: SERGIO DELLE VEDOVE/ALAMY STOCK PHOTO, ZOONAR GMBH/ALAMY STOCK PHOTO, HORST & DANIEL ZIELSKE

RHEINORANGE ist eine Wortkombination aus dem Fluss, an dem diese ikonische Skulptur im Duisburger Hafen steht, und der Farbe, mit der sie lackiert ist

DER VERTIKALE ERDKILOMETER Viel Aufwand für einen Messingpunkt im Zentrum Kassels: Die gigantischen Ausmaße des Werks sind vergraben

5

EUROPE VON BEZT,
MANNHEIM 2016

Jeder Häuserblock hat ein Ende, meist eine riesige kahle Wand – ideal für einen der profiliertesten Wand-Künstler, den 1987 in Polen geborenen »BEZT«. Den Block E7.22 am Westrand der in Quadraten angelegten Mannheimer Innenstadt bemalte er mit drei in Schwarz gekleideten Frauen, zwei davon halten trauernd den Blick gesenkt (die dritte Frau ist auf dem Foto nicht zu sehen). Wen oder was sie betrauern? Der Titel legt nahe, dass es die Europäische Union sein könnte. Das von der Ringstraße ums Zentrum sichtbare Werk entstand während des u.a. vom Kulturzentrum Alte Feuerwache initiierten Projekts »Stadt. Wand.Kunst«. Seit 2013 brachte es Farbe auf mehr als 30 Hauswände.

6

TORQUE

VON RICHARD SERRA, SAARBRÜCKEN 1992

Der Kalifornier Richard Serra, einer der bedeutendsten zeitgenössischen Bildhauer, verwendet für viele seiner Werke Stahl aus dem Grobblechwalzwerk im saarländischen Dillingen, etwa 25 Kilometer nordwestlich vom Campus der Universität des Saarlandes, wo gleich hinter dem Haupttor diese begehbare Skulptur knapp 17 Meter hoch aufragt. Sie besteht aus sechs gegeneinander gelehnten Stahlplatten, die nach oben breiter werden und so angeordnet sind, dass es wirkt, als seien sie mitten in einer Drehbewegung – »Torque« bedeutet »Drehmoment«. Der 246 Tonnen schwere Koloss war wegen seiner Kosten von fast einer Million Euro hoch umstritten.

FOTOS: ISABELA PACINI, TEW/WELT DER FORM

LARGE DIVIDED OVAL: BUTTERFLY ist Teil einer Gesamtkomposition mit Berlins »Schwangerer Auster«, dem Haus der Kulturen der Welt

DER DOUBLE TRIANGULAR PAVILION spiegelt seine Umgebung an der Hamburger Außenalster, und doch behält der Betrachter auch den Durchblick

SYNAGOGENDENKMAL Wo bis 1938 Leipzigs größtes jüdisches Gotteshaus stand, verdeutlichen 140 bronzene Stühle in der Inneren Westvorstadt

7

LARGE DIVIDED OVAL: BUTTERFLY VON HENRY MOORE, BERLIN 1987

Das letzte Werk des britischen Bildhauers ist eines seiner größten. Die abstrakte Plastik steht in einem Becken vor dem Haus der Kulturen der Welt, selbst eine Bau-Skulptur und besser bekannt unter dem Spitznamen »Schwangere Auster«. Beide spiegeln sich im Wasser, das Haus wirkt wie eine aufgeklappte Muschel, die Bronze scheint zu schwimmen, dabei wiegt sie mehr als acht Tonnen. Moore starb, noch bevor sie zur 750-Jahr-Feier Berlins aufgestellt wurde – und er die Bitte der Stadt, ihr das Werk zu stiften, beantworten konnte. So zahlte sie 3,5 Millionen DM dafür, der »Schmetterling«, 2010 restauriert, ist eine ihrer teuersten öffentlichen Skulpturen.

8

DOUBLE TRIANGULAR PAVILION FOR HAMBURG VON DAN GRAHAM, HAMBURG 1989/99

Der Amerikaner Dan Graham studierte Philosophie und stellt bei seiner Kunst auch deren Wahrnehmung in den Mittelpunkt. So auch bei diesem Pavillon, der am Ostufer der Außenalster steht, auf der Wiese neben dem Clubhaus der Rudergesellschaft Hansa. 2,20 Meter hoch ist der Bau und durch eine Tür begehbar. Seine Wände spiegeln den Betrachter, die Umgebung und Wetterstimmung und lassen gleichzeitig einen Durchblick über die Alster bis ans andere Ufer zu. Der Grundriss ist dreieckig, das ebenfalls dreieckige Stahldach ist um 45 Grad gedreht angebracht. So bildet der Pavillon von oben betrachtet einen Davidstern.

9

SYNAGOGENDENKMAL VON ANNA DILENGITE UND SEBASTIAN HELM, LEIPZIG 2001

140 bronzene Stühle stehen auf einer zwölf mal zwölf Meter großen, leicht erhöhten Plattform an der Ecke Gottsched-/Zentralstraße in der Inneren Westvorstadt. Sie stehen für die Leere, die eingetreten ist, seit im November 1938 die größte und bedeutendste von Leipzigs damals 17 Synagogen niedergebrannt worden ist. Eine niedrige Mauer zeichnet den Grundriss dieser 1855 eingeweihten Großen Gemeinde-Synagoge nach, in der 1600 Menschen Platz hatten. Seit 1966 erinnert ein Gedenkstein an sie, seit 20 Jahren stehen die Stühle an diesem Ort der Besinnung, der Spaziergänger sofort innehalten lässt.

FOTO: LUKAS SPÖRL

10

SOLARKATZE VON MICHAEL SAILSTORFER, BRAUNSCHWEIG 2016

Bisher fünfmal zeigte eine über das Zentrum verteilte Open-Air-Ausstellung Braunschweig in ganz neuen Lichtern: der Lichtparcours. Viele der Installationen und Skulpturen blieben nur einen Sommer lang, doch manch' eine hat ihren festen Platz im Stadtbild gefunden – zuletzt dieses Werk, das nach der Schau vom Löwenwall in den Theaterpark zog. Die große, gebogene Laterne, die auch Teil der Parkbeleuchtung sein könnte, gehört zu der Installation. Daneben steht ein fast ebenso hoher und damit völlig überhöhter Sockel, auf dem eine real wirkende bronzene Katze mitten im Licht der Laterne sitzt. Eine Anspielung auf die Löwen-Statue der »Löwenstadt«? Kann man gut so verstehen.

DIESES WEIHNACHTEN MAL WAS ANDERES ERLEBEN ALS LAST CHRISTMAS.
Weihnachten in Sachsen ist wie „Driving Home for Christmas“ und „Santa Claus Is Coming to Town“ – in höheren Lagen auch mal mit „Let It Snow“. Klingt gut? Dann nichts wie her, denn: „All We Want for Christmas Is You.“
erlebe-dein-sachsen.de
SACHSEN. LAND VON WELT.

7 **Straßen,** in denen ich gerne leben würde

Auf ihren Lesereisen hat es die Schriftstellerin **Kristine Bilkau** schon in viele Ecken des Landes verschlagen. Und wenn sie einen Ort richtig ins Herz schließt, dann geht alles ganz schnell: Sie sucht sich eine Straße aus und beginnt, von dem Leben dort zu träumen

1 **BÄCKERGASSE** IN LÜBECK

Einmal im Jahr, im Februar, findet hier die »Große Kiesau Literaturnacht« statt. Das Besondere: Die Lesungen werden in Privathäusern veranstaltet. Die Leute lernen nicht nur Autorinnen, Autoren und ihre Bücher kennen, sondern auch die Lübecker Menschen und ihre größeren oder kleineren Buddenbrook-Häuser. Davon gibt es einige in den Gängen und Höfen, etwa in der zauberhaft begrünten Bäckergasse. Sollte die Sache ernst werden und ich nach Lübeck ziehen, werde ich bei der Literaturnacht als Gastgeberin mitmachen, und es wird Marzipan ohne Ende für alle geben.

FOTOS: ANNA MUTTER, LUKAS SPÖRL

2 **MARIENGADE** IN FLENSBURG

Man kann ja leider nicht mehrere Leben gleichzeitig führen, verschiedene Modelle ausprobieren, wieder verwerfen, neu beginnen. Aber gedanklich, immerhin, ist es möglich. In meinen Gedanken wohne ich zum Beispiel manchmal in Flensburg, in der Mariengade, nicht weit vom Hafen entfernt. Ich würde endlich Dänisch lernen, regelmäßig gegenüber ins Lille Teater gehen und mir dänische Aufführungen ansehen. Bis in den Herbst hinein würde ich mit dem Fahrrad zum Strandbad fahren und eine Runde schwimmen gehen, je kälter desto besser. Mein Haus in der Mariengade wäre leuchtend rot angestrichen, schon von Weitem zu erkennen, und wer vorbeikommen möchte, muss Zimtschnecken aus der nahen Bäckerei mitbringen.

3 **SÜDERHOLMSTRASSE** IN SCHLESWIG

Nach einer Lesung in Schleswig, Sommer, blauer Himmel, habe ich mir die Stadt angesehen und landete in einem Viertel, das mir vorkam wie aus einem Kindheitstraum: Fischerhäuser, deren Gärten bis an das Wasser der Förde reichten. An den Stegen lagen die Boote, die Netze hingen draußen zum Trocknen. Es war kaum 22 Uhr, die Dämmerung hatte noch nicht eingesetzt, doch überall war es still, niemand unterwegs. Fischer müssen früh schlafen gehen, sagte ich mir und bewegte mich wie auf Zehnspitzen über das Kopfsteinpflaster. Ich stellte mir vor, wie ich in dieser historischen Siedlung wohne, in einem der Gärten sitze, mit Blick auf das glatte Wasser. Versprochen, ich würde abends leise sein, keine aufgedrehte Musik nach 22 Uhr. Sollte ich das dann doch nicht durchhalten, habe ich ja noch ein paar andere Wohnfantasien.

4

AM KARL-HEINE-KANAL IN LEIPZIG

Jedes Mal, wenn ich auf der Leipziger Buchmesse bin, beschließe ich: Sollte ich jemals aus Hamburg wegziehen, dann nach Leipzig. Gedanklich geplant ist das alles bereits: Ich würde, wenn möglich, in einer der Straßen am Karl-Heine-Kanal wohnen. Mehr als drei Kilometer verläuft der Kanal durch die Stadt, eine gute Strecke für lange Spaziergänge durch mehrere Viertel, in denen sich in Gedanken Wohnungen einrichten ließen. Aber meine eindeutige Lieblingsecke: der Abschnitt an der Endersstraße zwischen dem Wasserspielplatz und der Steintreppe, wo die Kanufahrer vorbeigleiten und man unter den Bäumen sitzen kann.

5

CORBUSIERHAUS IN BERLIN

Die vielen Seiten und Widersprüche, die ein Mensch in sich trägt, zeigen sich auch in Wohnfantasien. Eben noch habe ich mir vorgestellt, in einem Haus am Kanal alt zu werden, ein paar Tage später bin ich in Berlin, sehe in der Flatowallee das Corbusierhaus und denke: Dort möchte ich leben, am besten ganz oben. Ende der 1950er Jahre wurde das nach seinem berühmten Architekten benannte Haus gebaut, mit über 500 Wohnungen auf 17 Geschossen. Vielleicht hat es mit der Sehnsucht zu tun, verschwinden zu wollen, diese Vorstellung, sehr weit oben in einem Zimmer am Fenster zu sitzen. Hätte ich eine Wohnung im obersten Stock, würde ich das Vergnügen großzügig teilen. Es würden oft Gäste kommen, um sich mit mir ans Fenster zu setzen. Allein zu verschwinden, das wäre doch nur der halbe Spaß.

FOTOS: DERMERKUR/STOCK.ADOBE.COM PETER HIRTH, IAIN MASTERTON/IMAGO IMAGES

6

WASSERREIHE IN HUSUM

November in Husum, das Wetter machte Theodor Storms Gedicht »Graue Stadt am Meer« alle Ehre. Während ich durch den Nieselregen lief, dachte ich: Hier würde ich gern bleiben. In einem alten Haus, in der Nähe des Binnenhafens. Bei Sturm die tosende Nordsee nicht weit. Aber während es draußen kalt und neblig ist, sitze ich im Warmen und lese dabei eine wohlig-unheimliche Geschichte. Am liebsten natürlich in einem Haus in der Wasserreihe, nicht weit weg von dem mit der Nr. 31, wo Theodor Storm seine Geschichten für solche wohlig-unheimlichen Abende geschrieben hat.

7

THEATERSTRASSE & GLOCKENSTRASSE IN ERLANGEN

Jedes Jahr im Spätsommer wird in Erlangen das »Poetenfest« veranstaltet, mit Lesungen unter freiem Himmel im Schlossgarten. Als ich dort auftrat, habe ich mich in die Stadt verliebt. Es war warm, in den Straßen – wie diesen beiden, die ineinander übergehen – saßen Leute in den Cafés, die Fensterläden an den Stadthäusern erinnerten mich an Frankreich. Der Eindruck war keine romantische Einbildung: Ende des 17. Jahrhunderts flüchteten Hugenotten aus Frankreich und konnten sich in Erlangen niederlassen. Der Bau ihrer Häuser beschleunigte die Entwicklung zu einer kulturell lebendigen Stadt, in der ich heute bestimmt gut leben könnte. Genauso wie in den anderen sechs Orten.

FOTOS: STEFAN ZIESE/IMAGEBROKER/IMAGO IMAGES, ALAMY STOCK PHOTO

Die Burg im Kurort

Imposant ragt die Burg Hohenzollern auf dem gleichnamigen Berg in die Höhe. Seit der neugotischen Umgestaltung entspricht sie perfekt dem Idealbild eines solchen Baus. Im 2016 erschienenen Mystery-Horrorfilm »A Cure for Wellness« macht der US-amerikanische Regisseur Gore Verbinski (»Fluch der Karibik 1-3«, »Rango«) daraus allerdings ein Sanatorium in einem Bündner Kurort. Die Schweiz auf der Schwäbischen Alb? Egal: Wenn der Protagonist im Laufe des Films dem grausamen Geheimnis des Resorts auf die Spur kommt und Verbinski dabei die Stammburg der Hohenzollern in schaurig-schöner Opulenz inszeniert, werden solche Feinheiten zur Nebensache.

Burg Hohenzollern mit Alpenpanorama: Filmszene aus »A Cure for Wellness«

KULISSEN

FÜR GROSSE GEFÜHLE

Hollywood liegt vor der Tür! Zumindest fast: Überall in Deutschland lassen sich Motive entdecken, die in internationalen Filmproduktionen auftauchen. Wir haben einige außergewöhnliche Drehorte ausgewählt – und eine deutsche Regisseurin eine Liste mit Wunschlocations erstellen lassen

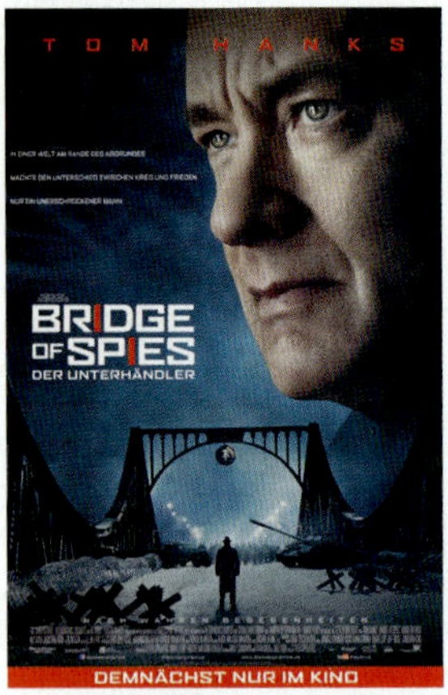

Brücke der Agenten

Es ist nicht erstaunlich, dass in und um Potsdam viel gedreht wird: Im Stadtteil Babelsberg befindet sich das größte deutsche Filmstudio. Bei »Bridge of Spies« aber lag der Grund woanders. Der 2015 erschienene Historienfilm von Steven Spielberg über einen Agentenaustausch zwischen der USA und der Sowjetunion während des Kalten Krieges wurde möglichst an Originalschauplätzen gedreht. Im Zentrum steht die Glienicker Brücke über die Havel, auf der es zu drei solchen Austauschen kam. Einst war sie Teil der Grenze zwischen West-Berlin und der DDR, heute markiert sie ganz friedlich den Übergang zwischen Berlin und dem Bundesland Brandenburg.

Eiskalter Krieg: Tom Hanks (rechts) als Unterhändler auf der Glienicker Brücke

Kaufhäuser für Gäste

Als Schauplatz für das »Grand Budapest Hotel« stellte sich Regisseur Wes Anderson ein europäisches Hotel aus den Goldenen Zwanzigern vor. Zur Recherche reiste er viel herum, war in Wien, Budapest, Marienbad – und entschied sich am Schluss für Görlitz als Hauptdrehort. Die Kleinstadt ist längst ein Hollywood-Liebling, und Anderson fand in dem 1913 in Görlitz eröffneten Warenhaus (Foto) die ideale Hotellobby. Seit 2009 steht der Jugendstilbau leer. Er soll saniert und neu eröffnet werden. Gerade aber ist er Drehort für eine Serie über das Berliner Kaufhaus Jonaß. Er eignete sich offenbar besser als das Original, heute das »Soho House«, ein Privatclub – mit Hotel.

Schrill und skurril: Das »Grand Budapest Hotel«, hier unter Kontrolle der »Zig-Zag«-Truppen

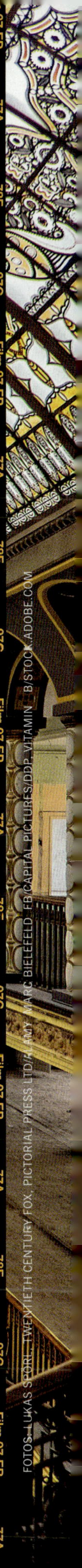

Intrigen am Hafen

Hamburg taucht recht selten in internationalen Filmproduktionen auf. Szenen wie die in der Mönckebergstraße und auf dem Hotel »Atlantic« im Bond-Film »Tomorrow Never Dies« sind Ausnahmen. Viel Hansestadt bietet allerdings der Agenten-Thriller »A Most Wanted Man« des Starfotografen und Regisseurs Anton Corbijn. Die packende Verfilmung eines Romans von John le Carré, in der Philip Seymour Hoffman als Leiter einer geheimen deutschen Anti-Terror-Einheit brilliert, spielt unter anderem im »Atlantic« (diesmal im Foyer), an der Alster, den Landungsbrücken und in der Skyline Bar »20up« (Foto) im 20. Stock des »Empire Riverside Hotel«, die eine feine Aussicht auf den Hafen bietet.

Drehort »20up«: Im Film trifft sich hier der Geheimdienst-Ermittler mit der CIA-Agentin

FOTOS: PHILIP KOSCHEL, WILD BUNCH GERMANY, VITAMINB/STOCK.ADOBE.COM

FOTOS: ANNE WILK, GREGOR ANTHES, GERT KRAUTBAUER/ERLEBE.BAYERN, MARLIS HEINZ/INVESTITIONS- UND MARKETINGGESELLSCHAFT SACHSEN-ANHALT MBH, VITAMIN_B/STOCK.ADOBE.COM

FILMREIFE REISEZIELE

Seit einigen Jahren macht sich die renommierte Schauspielerin **Karoline Herfurth** auch als Regisseurin einen Namen. Für MERIAN hat sie Orte in Deutschland aufgelistet, an denen sie gerne mal drehen würde

Nach den Spielfilmen »SMS für Dich« (2016) und »Sweethearts« (2019) kommt im Dezember 2021 mit »Wunderschön« Karoline Herfurths neue Regiearbeit in die Kinos. Im Zentrum stehen fünf Frauen, die sich – jede auf ihre eigene Art und Weise – an Schönheitsidealen und Optimierungswahn abkämpfen. Alle drei Filme spielen in Berlin, der Stadt, in der die 37-Jährige innerhalb einer Patchworkfamilie zwischen Hohenschönhausen und Prenzlauer Berg groß geworden ist. Auch heute lebt sie in der Metropole. Kein Wunder, gehört Berlin zu ihren großen Favoriten für Filmdrehs. Aber sie hat noch viele weitere Ideen.

1 BERLIN

»Da ich hier aufgewachsen bin, kenne ich die Stadt ziemlich gut. Für mich ist sie wie eine große Patchworkdecke, die sich aus den unterschiedlichsten Kiezen zusammensetzt. Es gibt in Berlin so viele Möglichkeiten für Filmdrehs, aber manche Ideen scheitern daran, dass man die Genehmigung nicht bekommt. Motive spielen für mich eine große Rolle, um die Tonalität eines Films zu kreieren und etwas über die Lebensweise meiner Figuren zu erzählen. In ›Wunderschön‹ spielen einige wichtige Szenen an Orten im öffentlichen Raum, die man durchaus wiedererkennt, andere in privaten Häusern. Das Haus der Eltern im Film war zum Beispiel ein absoluter Glücksgriff, den der Szenenbildner Christian M. Goldbeck ausfindig gemacht hat, ein Leerstand in Zehlendorf. Eine Schlüsselszene mit Nora Tschirner und mir haben wir im Restaurant ›Funky Fisch‹ in Charlottenburg gedreht – eine tolle Location, und leckeres Essen gibt es dort auch, die Poké Bowls kann ich empfehlen. Die Tanzszene mit Martina Gedeck und Joachim Król ist im Ballhaus Wedding entstanden, das 1889 erbaut wurde und einen tollen Belle-Époque-Saal hat, in dem man Tango tanzen oder Feste feiern kann.«

2 LOHELAND BEI FULDA

»In der Nähe von Fulda gibt es einen herrlichen Märchenwald. Als Waldorfschülerin habe ich dort mal in der anthroposophischen Siedlung Loheland ein Forstpraktikum gemacht und eine

1 Berlin ist voller toller Drehorte. Für Karoline Herfurth gehört dazu das Lokal »Funky Fisch«
2 Das Lindenhofbad in Lindau punktet mit seinem Retro-Charme
3 Der Merseburger Dom (hinten) und das Schloss sind ein Highlight der Straße der Romantik

Woche im Wald Bäume gefällt. Damals war mir nicht so klar, dass die Rhön das schönste Mittelgebirge Deutschlands ist. Aber es bleibt ein unvergessener Moment für mich, und wenn in einem meiner Drehbücher mal eine Szene im Wald spielen sollte, dann bitte hier.«

3 LINDENHOFBAD, BODENSEE

»In Lindau habe ich das Lindenhofbad entdeckt. Das Strandbad aus den 1950er Jahren liegt wunderschön in einem Park am Bodensee. Es ist kostenlos zugänglich, trotzdem gibt es neben einem Kiosk auch Umkleiden. Das ist super erhaltene Nachkriegsarchitektur, hier könnte man perfekt Szenen für einen historischen Film drehen! Der Park mit seiner Villa aus dem 19. Jahrhundert und den alten, großen Bäumen zieht sich mehrere Hundert Meter am Wasser entlang.«

4 LANDSTRICH UM WEIMAR

»Ich fahre wahnsinnig gerne und viel Zug, was sicher auch daran liegt, dass ich unter Flugangst leide. Auf der Strecke zwischen Berlin und München gibt es einen besonders schönen Landstrich, wenn es durch Thüringen geht. Ich habe mal in Weimar Theater gespielt, damals dachte ich schon, dass man in der Gegend gut einen historischen Film drehen könnte, am besten einen romantischen Liebesfilm. Die Landschaft hat was Märchenhaftes, sie wirkt auf mich wie verzaubert. Und immer mal wieder taucht ein Schloss auf einem Hügel auf.«

5 MERSEBURGER DOM

»Meine halbe Familie kommt aus Merseburg, meine Großeltern haben dort gelebt, und ich war oft zu Besuch. In der Stadt gibt es einen imposanten Dom, den ich sehr romantisch finde und an den sich das dreiflügelige Schloss Merseburg anschließt. Das gesamte Bauensemble wäre eine tolle Filmlocation. Der Kaiserdom ist auch sonst auf jeden Fall einen Besuch wert. Direkt nebenan fließt die Saale vorbei, und wenn man ihr folgt, entdeckt man viele entzückende Orte der Region Saale-Unstrut. Auf dem Weg zurück nach Berlin habe ich mich mal verfahren und bin in Halle gelandet. Ich war überrascht, wie viel die Stadt zu bieten hat. Sie hat etwas Kleinstädtisches, aber es gibt da auch diese Bauten mit flachen Dächern, klaren Strukturen und schönen Farben. Sie erzählen von einem anderen Leben und gleichzeitig haben Plattenbauten – genauso wie Glasbausteine! – für mich auch immer etwas Nostalgisch-Sentimentales. Ich fände es spannend, dort mal auf Location-Recherche zu gehen.«

6 NEUES PALAIS, POTSDAM

»Wer würde hier nicht drehen wollen? Das Schloss, das sich Friedrich der Große im Park Sanssouci errichten ließ, hat etwa 970 Räume, darunter der beeindruckende Marmorsaal. Am allerschönsten finde ich aber die Bäder. Das Badezimmer, das sich Wilhelm II. 1903 einrichten ließ, hat an den Wänden niederländische Fliesen, handgemalt, weiß-blau und mit unterschiedlichen historischen Motiven. Ein anderes Bad ist in einem Holzschrank versteckt – an solchen Orten könnte man wunderbare Filmszenen spielen lassen.«

7 KURMUSCHEL, SASSNITZ

»Der unglaublich süße Musikpavillon an der Strandpromenade von Sassnitz auf Rügen ist nur wenige Meter von der Ostsee entfernt. Die Bühne ist zum Land hin ausgerichtet, sodass das Publikum vom Kurplatz her Meerblick hat. Vorne die helle Muschel, dahinter das Wasser – das ist umwerfend und die ideale Location für eine Liebesszene, welcher Art auch immer! Die ›Kurmuschel‹ wurde von Ulrich Müther entworfen, wie die ufoartige Rettungsstation an der Promenade von Binz. Die beiden Schalenbauten gelten heute als Ikonen der Ostmoderne und stehen unter Denkmalschutz.«

8 SPREEWALD

»Einen besonders magischen und einzigartigen Ort finde ich den sagenumwobenen Spreewald. Krimis wurden hier ja schon oft gedreht, aber soweit ich weiß noch kein Horrorfilm. Das wäre doch mal was! Die Gegend ist so mystisch, und eine Kahnfahrt auf den kleinen, verästelten Kanälen ist zwar eigentlich idyllisch, könnte im Film aber schnell zu einer echten Grusel-Tour werden.«

Protokoll: Antje Wewer

4 Die Kurmuschel in Sassnitz ist wie gemacht für eine große Liebesszene

5 Der Spreewald ist bezaubernd – wäre aber auch ein attraktives Setting für einen Horrorfilm

FOTOS: KENTAUROS/STOCK.ADOBE.COM, GERHARD WESTRICH, VITAMIN _B/STOCK.ADOBE.COM

Deutschlands Süden

Willkommen in Deutschlands Süden!

Bayerische Alpen und der Chiemsee, das Bayerische Meer: Das ist die Region Chiemsee-Alpenland. Das Schloss Herrenchiemsee, vielfältige Kultur und Tradition, bekannte Städte wie Rosenheim und Wasserburg am Inn und eine Bilderbuchlandschaft mit Bergen, über 30 Seen, Wäldern und Mooren erwarten Sie

Chillen im Sommer am Fluss: Zu jeder Jahreszeit gibt's vieles zu entdecken

Schloss Herrenchiemsee und der **Chiemsee** im Winter

Wasserburg am Inn mit mittelalterlichem Flair

Urlaub in Deutschlands Süden ist immer vielversprechend. Zwischen München und Salzburg gelegen. ist die Region Chiemsee-Alpenland ein wahres Schmuckstück. Im Süden wird sie begrenzt vom Mangfallgebirge und den Chiemgauer Alpen mit ihren höchsten Gipfeln, dem Große Traithen und dem Wendelstein. Im Schutz der Berge liegt das Alpenvorland mit schönen Dörfern, viele noch wie im Bilderbuch mit Zwiebelturmkirche, traditionsreicher Dorfwirtschaft, Bauernhöfen mit Lüftlmalerei, Obstgärten und kleinen Handwerksbetrieben. Das Herzstück der Region Chiemsee-Alpenland ist der Chiemsee mit der Fraueninsel und der Herreninsel.

Als wären Berge, Dorf und Meer noch nicht genug, prägen einige Flüsse die Region – der blaugrüne Inn oder die Mangfall, die sich klein und fein durch die westliche Hälfte der Region schlängelt. Weil Flüsse immer Lebensadern waren und sind, sind hier auch die schönsten Städte dieses Gebiets entstanden: Rosenheim und Wasserburg am Inn, Bad Aibling und Kolbermoor an der Mangfall. In Deutschlands Süden gibt also viel zu entdecken, und der Urlaub beginnt vom ersten Tag an ohne Jetlag.

Ob **Rodeln oder Radfahren** – Aktivurlaub in der Region Chiemsee-Alpenland winters wie sommers

Dolce Vita mit Kultur in Rosenheim

Mehr Informationen unter:
www.chiemsee-alpenland.de

FOTOS: CHIEMSEE-ALPENLAND TOURISMUS, JÜRGEN AMMANN, BAYERISCHE SCHLÖSSERVERWALTUNG, STADT WASSERBURG A.INN, INNRADWEG/CHIEMSEE-ALPENLAND TOURISMUS

Saša

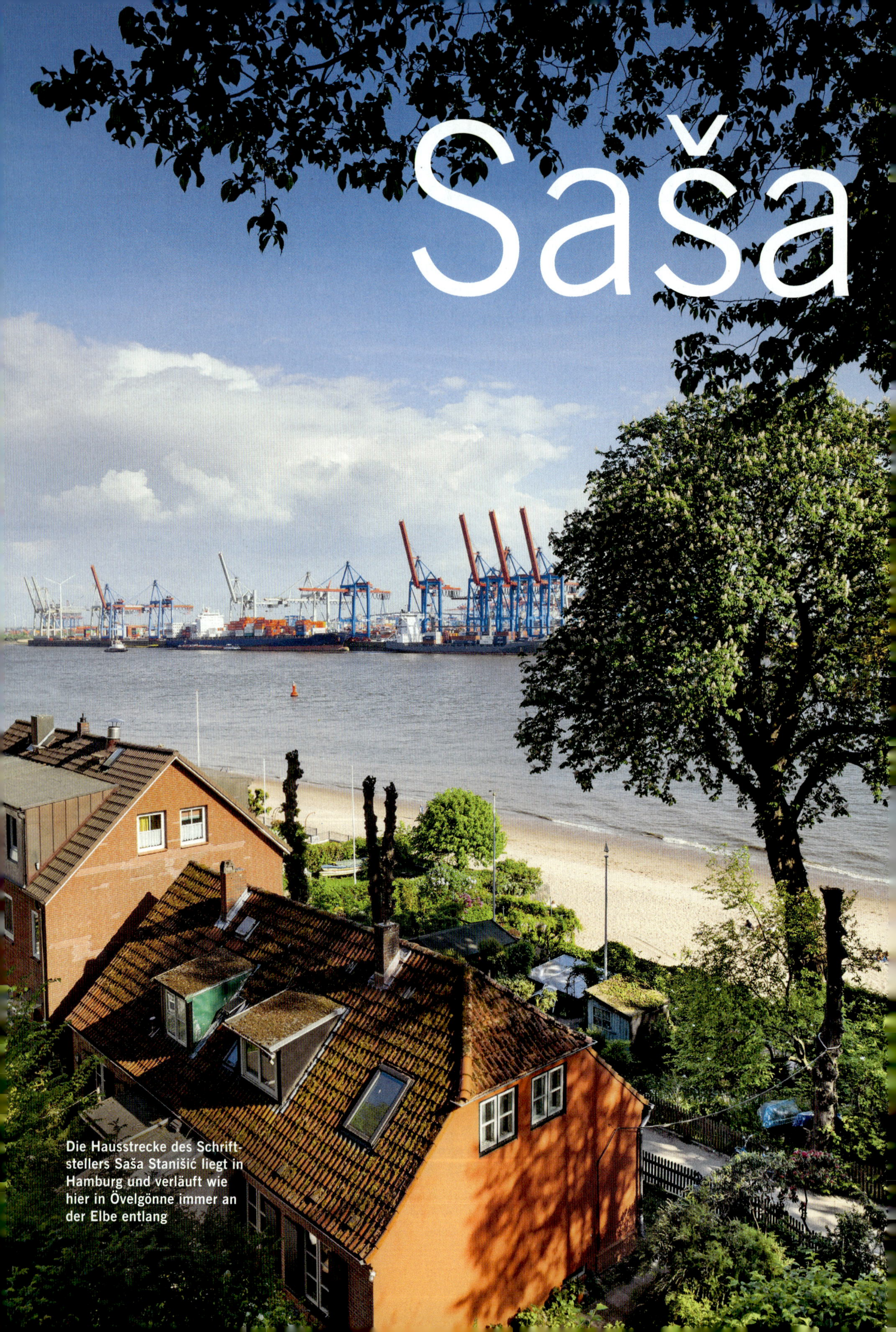

Die Hausstrecke des Schriftstellers Saša Stanišić liegt in Hamburg und verläuft wie hier in Övelgönne immer an der Elbe entlang

rennt

Die pragmatische Erklärung: Schriftsteller sitzen zu viel, sie sollten sich auch viel bewegen. **Saša Stanišić** läuft aber auch, um über nichts nachzudenken und doch mit vollem Kopf zurückzukommen. Um Jugenderinnerungen nachzuhängen und mit Eichhörnchen zu plaudern. Diese **vier Laufstrecken** inspirieren ihn

Hamburg Elbelauf *(rund 10 km)*

Ich schreibe diesen Text, während ich laufe. Ich diktiere »Ich diktiere in mein Smartphone« in mein Smartphone. Ich laufe an der Elbe, es ist früh, die Elbe noch nicht voll mit Adjektiven, auch Flüsse dürfen mal nur da sein, im Hafen stoßen die Container an.

Ich laufe, weil ich Laufen brauche. Für Körper und Kopf, es ist einfach: Schriftsteller sitzen viel, viel sitzen ist schlecht, also laufe ich. Wenn ich laufe, denke ich mal über nichts nach. Außer über meine Beine, so ab Kilometer vier. Und ich denke über die Gedanken nach, die mir fehlen bei der Sitzarbeit. Manchmal finde ich sie, ich finde heraus, was das ist, das mir fehlt, für einen Text, eine Welt, wenn ich laufe, erfinde ich gut.

Die Strecke an der Elbe ist meine wichtigste, an der Elbe bin ich zu Hause. Etwa zehn Kilometer hin und zurück, Beginn vor der Haustür, dann runter nach Övelgönne mit Abstecher zum Fähranleger (Frühschicht ist da: Rucksäcke, Stullen, Augenringe), an den Kapitänshäusern entlang, erste Strandreihe, blonde Kinder frühstücken Obst, und weiter, Elbwanderweg Hamburg (wusste gar nicht, dass das ein Wanderweg ist), jetzt die Lotsenhäuschen, wie fein wäre es, mit deren Blick aufzuwachen, mit diesem Fluss, und gleich der Elbpark, ja und hier, das ist die Ringelnatztreppe – der große Peter Rühmkorf hat sich erfolgreich mit einem Gedicht gewünscht, sein Name möge »in die unterste Stufe eingekerbt werden«, um auf ewig verbunden zu sein mit dem sächsischen Matrosen Joachim Ringelnatz. Dort also eine laufende Verneigung den beiden geschätzten Vorläufern, und ja, warum nicht in fünfzig Jahren eine Plakette in Teufelsbrück (dort drehe ich um), die bezeugt: Hier oft umgedreht nach Kilometer fünf: Saša Stanišić in Funktionsshorts.

FOTOS: HORST GERLACH/GETTY IMAGES/ISTOCKPHOTO, SAŠA STANIŠIĆ, ILLUSTRATION: ARYANRAJ/STOCK.ADOBE.COM

Saarbrücken-Frankreich *(12 km)*

Alles an dieser Strecke ist interessant, schön oder witzig, außer dem Geräuschpegel. Mein erster Lauf auf dieser Route war auch der einzige, den ich ohne Kopfhörer und Musik unternommen hatte. Der Geräuschpegel trägt den bürgerlichen Namen »A 620« und verläuft recht lange zwar unsichtbar, aber eben nicht unhörbar unweit der Saar und damit unweit des Laufwegs, manchmal sogar darüber hinweg.

Die Saar selbst – ich habe eine Schwäche für Laufstrecken, die sich an Flüssen vorbeiziehen – ist, ehrlich, kein sonderliches Spektakel. Saart ruhig dahin, inklusive dieser unappetitlich aussehenden Schaumkrönchen. Irgendwie ist sie aber genau richtig so: unerschütterlich und authentisch. Als käme sie nicht aus einer Quelle, sprudelnd und froh, sondern aus einem Stahlwerk, geschafft und dreckig. Das passt zum Saarländer, der sich gern der bereichernden Exklusivität seiner kulturellen und geschichtlichen Nähe zu Frankreich, zur Industrie und stets auch zur Natur und eben dieser Saar gewiss ist, in aller Ruhe und auch allem Stolz.

Nach etwa sechs Kilometern südöstlich von Saarbrücken läuft man dann hinein in dieses Frankreich. Viel ändert sich nicht. Der Asphalt bleibt, die Saar bleibt, die unscheinbare Wiese rechterhand bleibt, die Krähen bleiben. Man will sich anders fühlen, so hat man uns das beigebracht, und es ist schön, dass man sich nicht anders fühlt – die Überflüssigkeit der Grenzziehung.

Immer werfe ich an der Grenze einen Stein in die Saar. Mal lag er drüben, mal lag er hüben.

> Die Saar saart ruhig dahin, unerschütterlich und authentisch. Man läuft nach Frankreich hinein. Und es ist schön, dass man sich nicht anders fühlt

Heidelberg Am Neckar *(8 km)*

Ich lebte lange in Heidelberg, laufe aber in Heidelberg längere Strecken erst, seit ich dort nicht mehr lebe. Heute bin ich dort ein Tourist, ein Hotelgast, der in Bettwäsche schläft, in die viele andere geschwitzt haben, und doch sage ich heute noch, wenn ich von Heidelberg spreche, »mein Heidelberg«. Mein ist auch der Neckar, und ich habe hier eine schöne Strecke, nordwestlich stadtauswärts, die Laufschuhe fast gänzlich auf Wasserhöhe, der Fluss als Begleiter zum Greifen nah.

Als Jugendliche tranken wir auf den Neckarwiesen unsere noch heimlichen Biere, verliebten uns (oder auch nicht) ineinander und in die Kraft der Jugend, spielten Gitarre und sangen Lieder von Janis Joplin und Guns n' Roses. Der Fluss war eine Selbstverständlichkeit in meinem Aufwachsen, ich habe reingepisst, bin drin geschwommen, ich weiß, wo man gut und verboten angeln durfte.

An all den Stätten vorbei, es ist ein biografischer Lauf. Die ersten Küsse mit F. – dort. Ein unvergesslicher Abend mit P., R., F., M. – unter der Brücke, dort. Geweint, allein, dort (Stress, Angst, Pubertät). Getanzt in die Nacht (siebzehnter Geburtstag) – dort. Spazieren gegangen mit H. – dort (Wir planten unsere gemeinsame Zukunft und trennten uns eine Woche später). Lebensläufe und Streckenverläufe.

Am Wehrsteg in Wieblingen, da rauscht es. Die Erinnerung rauscht und die Gegenwart und der Fluss. Noch ein bisschen weiter und immer auch zurück in der Zeit. Umkehren ist hier nicht, es geht immer weiter, es ist nie ein Etwas-Zurücklassen. Ich bin 43 Jahre alt und 15 Jahre alt. Ich bin jener Junge und dieser Läufer.

SEHEN, WAS SICH LOHNT!
MERIAN SCOUT
200 x LÜBECK
MERIAN SCOUT
200 x SAARLAND
MERIAN SCOUT
200 x AACHEN
MERIAN SCOUT
200 x FREIBURG
MERIAN SCOUT
200 x BRAUNSCHWEIG
MERIAN SCOUT
200 x BERLIN
Außerdem erschienen: Stuttgart, Leipzig, Hamburg, Frankfurt
200 x ENTDECKEN. ERLEBEN. GENIESSEN.
Alle Ausgaben in guten Buch- und Zeitschriftenläden oder unter www.merian-shop.de/scout
MERIAN SCOUT
SEHEN, WAS SICH LOHNT!

Karlsruhe
Tierpark Oberwald *(knapp 7 km)*

Im Juni 2019 wollte ich vor einer Lesung in Karlsruhe einen längeren Lauf machen. Unweit meines Hotels lag ein größeres Waldgebiet, der Oberwald, und dort ein naturgeschützter See, der Erlachsee. Ich lief los.

Die ersten Meter durch die Stadt waren wie üblich erfüllt mit Beton und viel zu vielen Autos. Es schien die Sonne, als ich eine Unterführung erreichte – auf der anderen Seite war der Himmel schwarz wie Rote Bete. Ich hielt an, sah zurück: die Unterführung war nicht mehr da. Vielleicht war sie nie dagewesen? Vielleicht aber war sie – so wie ich – in Bewegung aus einer Karlsruhe-Welt in eine andere.

Die ersten Regentropfen waren groß wie Bauarbeiterhandschuhe der Größe XL, diese grauen. Ich war sofort klatschnass und froh, denn Läufer, die wie ich gleichzeitig Angeber sind, lieben Regenläufe; die fühlen sich nach zusätzlicher Arbeit an, und man kann im Nachhinein allen erzählen, der Regen mache einem nichts aus, wenn man läuft, was absolut nicht stimmt, aber super klingt.

Aber weiter, immer weiter durch den Regen, für eine Allegorie wird der Lauf gut sein, ich muss sie bloß erfinden.

Ich sah auf mein Smartphone, um mich zu orientieren. Die Batterieanzeige zeigte 18 Prozent an. Gerade waren es noch 80 Prozent. Ein erster Blitz traf mich nicht, schade, sonst hätte sich das Smartphone vielleicht aufgeladen.

In den Tiefen des Oberwalds: Hundegebell. Hunde sah ich nicht, dafür Bisons. Aus dem Nichts, ich jedenfalls war auf sie nicht vorbereitet, spielten zwei Prachtexemplare Schach im Regen. Ich grüßte im Vorbeilaufen, sie grüßten nicht zurück.

Wo war ich und vor allem wie lange noch?

Eichhörnchen. Es schien hinter dem Regenschleier zu wachsen und die Farbe zu ändern. Wenn du nicht weißt, wohin du gehst, wird dich jeder Weg dorthin bringen.

Regenläufe fühlen sich wie zusätzliche Arbeit an. Man kann im Nachhinein erzählen, der Regen mache einem nichts aus. Was absolut nicht stimmt. Aber super klingt

Der Wald labte sich an meiner Trittunsicherheit, und als ich gerade meinte, es wäre für diese Geschichte jetzt gut, endlich auch jemanden zu treffen, traf ich niemanden. Aus der Baumrinde wuchsen Pilze, jemand hatte auf eine Eiche »ENTSCHULDIG DICH NICHT STÄNDIG« gesprayt.

Das Eichhörnchen war nun zu einem Elch ausgewachsen.

»Der Herr?«

»Ich habe mich verlaufen, Herr Elch.«

»Metaphysisch?«

»Nein, in Karlsruhe.«

»Weißt du, wohin du wolltest?«

»Im Kreis, das war die Hoffnung.«

»Du musst dich von Karlsruhe in deinem Kopf befreien.«

»OK.«

»OK.«

Der Wind nahm zu. Ihm stellte ich keine Fragen, ich befürchtete, er würde ebenfalls antworten. Mein Smartphone war aus. Werde ich mein ganzes Leben mit Elch und Bison im Karlsruher Oberwald verbringen?

Der See war umzäunt.

Ich beschloss, nicht die Frage nach dem Wohin zu beantworten, sondern die nach dem Wieso.

Die Antwort darauf ist bei mir sehr oft: Literatur. Dorthin lief ich zurück. Hier bin ich nun.

ILLUSTRATION: ARYANRAJ/STOCK.ADOBE.COM

Dirigierte mit seinem Orchester auch die Weltpremiere der mit künstlicher Intelligenz komponierten 10. Sinfonie Beethovens: Dirk Kaftan

»WIR ERFINDEN UNS UNSER KONZERTHAUS SELBST«

7 ungewöhnliche Konzertsäle in ganz Deutschland

hat der Generalmusikdirektor der Stadt Bonn und Dirigent des Beethoven Orchester Bonn für MERIAN herausgesucht. **Dirk Kaftan** ist selbst erfahren in der Suche nach besonderen Konzert-Locations – da das Konzerthaus von Bonn für Jahre saniert wird, lässt er sein Orchester an Orten in der ganzen Stadt auftreten. Sein Credo: Wichtig ist es, die Musik zu den Menschen zu bringen. Und das gelingt gerade auch über besondere Orte. Seine Liste umfasst daher Häuser, die klassische Musik nahbar machen, die kreativ mit den Gegebenheiten vor Ort umgehen und die eine außergewöhnliche Akustik haben. Sieben Häuser, die Lust auf Musik machen – und selbst auch optisch ein Genuss sind.

1

JOHANN-SEBASTIAN-BACH-SAAL
IM SCHLOSS KÖTHEN

In Köthen (Sachsen-Anhalt) trägt die einstige Reithalle des Schlosses seit 2008 ein weißes Dach voller klarer Kanten; für den Mix aus historischer Basis und modernem Aufbau gab es sogar den Architekturpreis des Landes Sachsen-Anhalt. Im Haus ist Platz für 440 Zuhörer, die hier bei toller Akustik Konzerte von Weltrang hören – etwa alle zwei Jahre bei den Bachfesttagen. Dem Komponisten Johann Sebastian Bach ist auch dieser Konzertsaal gewidmet: Er war von 1717 bis 1723 Hofkapellmeister der Stadt, komponierte hier seine »Brandenburgischen Konzerte« und Teile des »Wohltemperierten Klaviers«.

Köthen, Schlossplatz 5
schlosskoethen.de

2

TAUBERPHILHARMONIE
IN WEIKERSHEIM

Einen solchen Konzertsaal erwartet wirklich niemand in einem 7000-Einwohner-Ort: Die Akustik hier ist großartig, darauf hat man beim Bau (eröffnet 2019) geachtet. Der Gebäudekern ist aus Stahlbeton, Heizungs- und Lüftungsanlage wurden nahezu geräuschlos konstruiert. Dieser Saal eignet sich auch für große Besetzungen, und die sind hier regelmäßig zu hören. Die Jeunesses Musicales Deutschland, Teil des größten musikalischen Netzwerks für junge Leute, sitzt in Weikersheim (Baden-Württemberg). Das gefällt mir an diesem Konzertsaal eigentlich am allermeisten: Dass er die Jugend mit High-End-Orchestern nebeneinanderstellt.

Weikersheim, August-Laukhuff-Str. 19
tauberphilharmonie.de

3

MUSIKFORUM RUHR
IN BOCHUM

Was für ein Entree! Der Chor der einstigen St.-Marien-Kirche ist das Foyer für die beiden Konzertsäle des Musikforums Ruhr in Bochum (Nordrhein-Westfalen). Der moderne Anbau an die neogotische Backsteinkirche wurde 2016 eingeweiht, mir gefällt dieses Nebeneinander von Alt und Neu. Die Akustik ist toll, und auch die Multifunktionalität der Räume. Zu verdanken ist dieses Haus vor allem der Verlegerin und Milliardärin Anneliese Brost; ihre Stiftung und weitere Privatspenden haben es zu großen Teilen finanziert. Spannend finde ich auch das Konzept: Neben den Bochumer Symphonikern hat hier auch die städtische Musikschule ihr Zuhause.

Bochum, Marienplatz 1
bochumer-symphoniker.de

FOTO: ISABELA PACINI

Wo Bielefeld strahlt: Die Rudolf-Oetker-Halle gilt seit über 90 Jahren als akustisches Meisterwerk

4

RUDOLF-OETKER-HALLE
IN BIELEFELD

Seinem Sohn Rudolf, der im Ersten Weltkrieg gefallen war, stifteten der Oetker-Firmengründer und seine Frau einst dieses Konzerthaus in Bielefeld (Nordrhein-Westfalen). Der Bau entstand also aus der Idee des Mäzenatentums, ja. Aber er ist ein Saal, der die Stadt jetzt seit über 90 Jahren prägt. Und er gilt bis heute als akustisches Meisterwerk: Die gesamte Decke ist als Resonanzfläche konzipiert; das Interieur – wie die großen Deckenleuchten oder die abgestuften Deckenspiegel und die hervorstehenden Tür- und Fensterrahmen – zerstreut den Schall. Kein Wunder, dass dieser Saal nicht nur für Konzerte, sondern gerne auch für Tonaufnahmen genutzt wird.

Bielefeld, Lampingstr. 16
rudolf-oetker-halle.de

5

REGENTENBAU
IN BAD KISSINGEN

Ein echter Jugendstil-Traum: Weil um die Jahrhundertwende immer mehr Besucher nach Bad Kissingen (Bayern) kamen, ließ Prinzregent Luitpold ein neues Kurhaus bauen. Für mich ist der Bau mit seinen verschiedenen Sälen vor allem dank seiner Innenausstattung ein echtes optisches Juwel: Sei es der Grüne Saal mit seiner sehr intensiven Wandfarbe, der Weiße Saal mit opulentem Stuck oder der Große Saal mit seiner Kirschholz-Vertäfelung. Die Ebenholz-Intarsien in der Vertäfelung geben diesem Saal eine besonders gute Akustik. Warum die US-Soldaten diesen Saal nach dem Zweiten Weltkrieg eine Zeit lang als Sporthalle nutzten? Keine Ahnung.

Bad Kissingen, Ludwigstr. 2
badkissingen.de

6

FÜRST-VON METTERNICH-KONZERTKUBUS
SCHLOSS JOHANNISBERG

Als klar war, dass der Fürst-von-Metternich-Saal auf Schloss Johannisberg im Rheingau (Hessen) unter Corona-Bedingungen nicht wirtschaftlich bespielt werden kann, entwarf der Haupt-Tontechniker des Rheingau Musik Festivals diesen provisorischen Konzertkubus. Neben einer ausgeklügelten Be- und Entlüftung hat der Kubus außerdem eine Akustik von unglaublicher Qualität. Er ist für mich ein tolles Beispiel für eine provisorische Spielstätte – falls etwa ein Konzertsaal mal saniert wird. Mittlerweile ist der Konzertkubus wieder abgebaut, mit 30 Lastwagen kann er an jeden anderen Ort transportiert werden. Ich bin sicher: Dieser Kubus wird anderswo wiederbelebt werden.

rheingau-musik-festival.de

7

STADTHALLE
IN WUPPERTAL

Zum schönsten Konzertsaal überhaupt hat das Feuilleton der *Welt* die Stadthalle in Wuppertal (Nordrhein-Westfalen) einmal erklärt. Tatsächlich erwartet einen ein unfassbar toller Saal auf dem Elberfelder Johannisberg. Das Neorenaissance-Schloss hat beide Weltkriege überstanden, eine Ausnahme in der Stadt. Umbauten aus den 1950ern wurden später zurückgenommen, heute sieht die Stadthalle aus wie bei ihrer Eröffnung 1900. Wie hervorragend die Akustik dieser traditionellen Schuhschachtel-Architektur ist, hat übrigens sogar ein finnisches Forscherteam bewiesen. Im Vergleich mit vielen Top-Konzertsälen lag die Stadthalle weit vorne.

Wuppertal, Johannisberg 40
stadthalle.de

FOTO: KLAUS BOSSEMEYER

DIE SHOW-PROMENADE

Erlebnis-Seebrücken, nicht zu verwechseln mit den kleineren Stegen, sind unter Ostsee-Urlaubern beliebt, so auch diese im schleswig-holsteinischen Kellenhusen. Drei Meter breit ist das ansehnliche Werk aus Stahl, Beton und Holz, auf etwas mehr als 300 Metern führt es über Strand und Wasser. Unterwegs liegen drei breitere Stellen mit Platz zum Sonnenbaden oder Ins-Wasser-Springen. Und natürlich ist die Konstruktion ein Fest für jeden Beleuchter, täglich nach Sonnenuntergang gehen hier bunte Lichter an

FOTO: JOERG MODROW/WWW.OSTSEE-SCHLESWOG-HOL-STEIN.DE

BRÜCKEN IN BESTFORM

Eine Verbindung zu schaffen, Täler oder Flüsse zu überwinden, das hat ihren Baumeistern nicht gereicht. Diese Brücken sind Hunderte Meter lange Skulpturen, Machtdemonstrationen oder gebaute Träume. Und: Jede ist ein ganz besonderes Erlebnis

DIE ABENTEUERLICHE

»Brückenträumer« nannte man in Mörsdorf im Hunsrück jene Menschen, die als Erste daran glaubten, dass dieser gewagte Brückenschlag über das Mörsdorfer Bachtal realisierbar ist. 2015 wurde aus ihrem Traum 360 Meter lange Wirklichkeit: die Hängeseilbrücke Geierlay, ein Besuchermagnet in der Wanderregion. Bis zu 100 Meter geht es unter ihr in die Tiefe, konstruiert wurde sie nach nepalesischem Vorbild. Und so filigran sie wirkt (in der Mitte ist sie nicht mal einen Meter breit): Sie trägt bis zu 50 Tonnen

DIE VERBINDUNG FÜRS LEBEN

Viele, die mit dem Zug nach Köln kommen, nehmen diesen Weg über den Rhein: über die Hohenzollernbrücke zum Hauptbahnhof, der direkt neben dem Dom liegt. Wer verliebt nach Köln kommt, wird sich eventuell auch auf der Brücke wiederfinden, am Zaun zwischen Gleisen und Fußweg ein Schloss anbringen und den Schlüssel in den Rhein werfen – so mehrere 100 000 Mal geschehen. So ist die Brücke nicht mehr nur die meistbefahrene Eisenbahnbrücke, sondern auch einer der Liebesschloss-Hotspots des Landes

DIE ALTEHRWÜRDIGE

Besonders lang ist sie nicht (48 Meter), auch ihre Höhe ist nicht nennenswert, theoretisch könnte man von der Schweriner Schlossbrücke in den Burgsee auf der einen oder in den Schweriner See auf der anderen Seite springen (was man aber lieber unterlassen sollte, beide sind nicht besonders tief). Was die nordwestliche Verbindung von Schlossinsel und Innenstadt besonders macht, ist ihre Pracht, die seit ihrem Bau 1844 immer weiter ausgeschmückt wurde und so dem Schloss, zu dem sie führt, einigermaßen gerecht wird

DIE GROSSE WELLEN MACHT

Der Tatzlwurm ist ein bayerisches Fabelwesen, ein länglicher Halbdrachen. Bei Essing im Altmühltal hat man diesem Wesen ein beeindruckendes Denkmal gesetzt, dessen Zweck eigentlich ein Übergang über den Main-Donau-Kanal ist: die Holzbrücke »Tatzlwurm«. 3,20 Meter breit und um die 190 Meter lang ist sie, nach der Einweihung 1986 blieb sie zwanzig Jahre lang die längste Holzbrücke Europas – bis Ronneburg in Thüringen nachlegte. Dort heißt die noch etwas längere Holzbrücke »Drachenschwanz«

DAS BOGENWUNDER

Mehr als 26 Millionen Ziegel stecken in diesem Wunderwerk aus 81 Bögen, das den vergleichsweise unscheinbaren Fluss Göltzsch im sächsischen Vogtland überspannt: die Göltzschtalbrücke. Dass sie den Rekord als größte Ziegelsteinbrücke der Welt hält, ist nicht ganz so beeindruckend wie ihr Anblick. Was wie ein Aquädukt aus der Römerzeit wirkt, entstand in den 1840er Jahren, um die Eisenbahnstrecke von Leipzig nach Nürnberg, eine wichtige Nord-Süd-Achse, möglich zu machen

DIE KÖNIGLICHE

Die Verbindung über die Pöllatschlucht bei Schwangau ist älter als Schloss Neuschwanstein, auf dessen millionenfach fotografierte Südfassade sie einen idealen Blick ermöglicht: Die Marienbrücke, benannt nach der bayerischen Königin Marie, entstand 1845 als hölzerner Steg, Ludwig II. ließ ihn 1866 durch die schmale Eisenbrücke ersetzen – drei Jahre später begann der Bau seines Märchenschlosses. Damit die filigrane Optik erhalten bleibt, muss sie immer wieder renoviert werden, aktuell bis voraussichtlich Herbst 2022

DIE PARTYBRÜCKE

Hier ist jede Menge Musik drin: Auf der oberen Etage der 150 Meter langen Oberbaumbrücke rattern die U-Bahnen der Linie 1 zwischen Friedrichshain und Kreuzberg hin und her, zwischen ihren Bögen treten abends oft spontan DJs und Bands auf. Die Schönheit im neogotischen Stil mit ihren zwei 34 Meter hohen mittleren Türmen wurde von 1894 bis 1896 über die Spree gebaut, zur DDR-Zeit war die Brücke ein Grenzübergang. Heute verbindet sie zwei Party-Kieze – und ist längst selbst zur Partymeile geworden

M

Manchmal wird man aufgefordert, zu beweisen, dass man kein Roboter ist. Einige Websites reagieren empfindlich auf einen neuen Anschluss, einen neuen Ort und lassen dann ihrer systemischen Paranoia freien Lauf, schicken Captcha auf den Bildschirm, einen Test. In Fotos einer urbanen Landschaft soll man alle Bilder markieren, auf denen etwa eine Brücke zu sehen ist. Das kann künstliche Intelligenz offensichtlich nicht gut. Sie mag den Weg erkennen, die Strecke, aber nicht die Brücke. Roboter brauchen keine Brücken. Menschen aber können sich nicht in Gesellschaft organisieren, können nicht handeln, reisen oder Krieg führen ohne Brücken.

Einen Begriff von der Brücke macht man sich schon als Kind. Wenn man früher, als es noch erlaubt war, ohne Gurt hinten auf der Rückbank lag und während unendlicher Autofahrten in den Himmel schaute, sahen sie aus wie die kühnsten Bauwerke der Menschheit: jene Betonbrücken, die in den Jahrzehnten nach dem Zweiten Weltkrieg überall in der kleinen Bundesrepublik das Autobahnnetz verdichteten. Manchmal waren sie kurz und massiv und führten über die Autobahn, manchmal schlank und sehr hoch – immer ein architektonisches Zeugnis für die neue Zeit der privaten Mobilität. Der ehemalige Bundeskanzler Helmut Kohl hatte es treffend formuliert: »Die Deutschen sind heute ein Volk, das sein Glück im Privaten sucht.« Individuelle Mobilität war zentral für die Verbindungen zwischen den vielen kleinen Provinzen und den größeren Städten. Das Land ohne große Hauptstadt setzte auf regionale Identitäten und den Ausbau der Infrastruktur, all das verkörpert in schönen neuen Brücken.

Die Flächen des hellen Betons waren noch intakt, die Dimensionen unerhört kühn und von einer modernen Funktionalität, die etwas versprach: eine Zukunft, in der es immer weitergeht, zur Not eben über eine weitere Brücke. Die Erwachsenen lachten über den Spruch der Bundeswehr-Pioniere: »Was wir nicht überbrücken können, saugen wir aus!« Brücken waren Monumente der Machbarkeit, dazu angetan, jeden zivilen Zweifel an der Belastbarkeit der neuen Republik zu besänftigen.

Als man sich farbige Poster an die Wände der Jugendzimmer hängte, begann die Epoche der Brücken als Popstars. Unangefochtene Spitze war die Golden Gate Bridge bei San Francisco. Sie versinnbildlicht zugleich Aufbruch und Ankommen. Dorthin sollte einmal der, wenn auch nur mentale und kulturelle, Aufbruch nach Westen führen. Dort waren Hippies, Zen und das Meer, dort kam das Versprechen des Okzidents zur Erfüllung. Ausgerechnet, wo es wieder in den fernen Osten geht. Die Golden Gate Bridge ist das Symbol einer spezifischen, aber verschieden ausformulierten Hoffnung.

Immer wieder wurden auch in Europa vergleichbar anmutige Bauwerke errichtet – in Bordeaux der Pont d'Aquitaine oder in Hamburg die Köhlbrandbrücke, die zwar zu beliebten Fotomotiven und Wahrzeichen wurden, jedoch nie den unvergleichlichen Nimbus der Golden Gate Bridge erhielten. Es geht bei Brücken eben nur zum Teil darum, welche Funktion sie erfüllen. Bei der Golden Gate Bridge wissen nur wenige ihrer Bewunderer in der ganzen Welt, von wo nach wo man eigentlich genau kommt, wenn man sie nutzt. In der Bundesrepublik trauten viele dem Gestus des unbekümmerten Versprechens auf bessere Brückenzeiten nur halb. Schließlich war das Land geteilt, längst nicht jede deutsche Brücke führte irgendwohin, und schön war es auch nur in die eine Richtung, nämlich von Ost nach West, was aber vor 1989 kaum je ging.

In der Schule traute man der neuen Zeit noch nicht. Ein Lehrer bemühte sich auf seine Art, seine Skepsis mit uns Kindern zu teilen: Er zeichnete Pläne von modernen Brücken an die Tafel und wies uns darauf hin, wo die Aussparungen für den Sprengstoff waren, mit denen diese Wunderwerke der modernen Technik auch wieder in sich zusammenfallen würden, wenn – das war in den Zeiten vor der asymmetrischen Kriegsführung und der multipolaren Welt noch einfach – der Russe kommt. Dann würden also mehrere kleine Sprengladungen gleichzeitig gezündet, um das Vorrücken zu verlangsamen. Die meisten Lehrer waren auch Veteranen des Weltkrieges. Sie fanden es wichtig, dass wir über Sprengschächte Bescheid wissen, mit denen die Brücken von oben bestückt und zerstört werden, meist drei hintereinander. Es gab noch andere Mittel und Wege, die wir einzeichnen mussten. Das Geheimnis der Brücken sollte für uns keines bleiben. Wer weiß, wie lange der Frieden halten würde?

Nils Minkmar *wohnt in Wiesbaden und erlebt dort aktuell, was es bedeutet, wenn eine wichtige Brücke gesperrt und der Hauptbahnhof verwaist ist. Der Journalist und Historiker spannt hier aber noch einen sehr viel weiteren Bogen zur gesellschaftlichen Bedeutung des Brückenbauens.*

DIE VIELEN ROMANE UND FILME, DIE VON BRÜCKEN, IHREM BAU UND IHRER ZERSTÖRUNG HANDELN, ERZÄHLEN DAVON, DASS DIESE BAUWERKE NICHT NUR PHYSISCHE VERBINDUNG SCHAFFEN, SONDERN AUCH SINN STIFTEN

Die Rede über Brücken war eine Rede vom Krieg: den Schlachten im Westen, um die Amerikaner am Vorrücken über den Rhein zu hindern, und denen im Osten. Die Rote Armee machte selbst Brücken, indem sie viele Panzer in einen Fluss trieb und die anderen dann drüber fuhren. Solche Geschichten gab es viele. Das Kriegsende selbst hätte so schön sein können. Als Sowjets und Amerikaner sich an der Elbe bei Torgau trafen, wäre eine Begegnung auf der Elbbrücke das perfekte Motiv für ein historisches Foto gewesen: Aus unterschiedlichen Fronten kommend, nun vereint in eine neue Zeit des Friedens und der Brücken. Aber die Wehrmacht hatte, dem Führerbefehl folgend, die Elbbrücken zerstört und übrigens auch alle, die darüber zu fliehen versuchten. Der erste Treffpunkt von sowjetischen und amerikanischen Einheiten war ein Leichenfeld mit dreihundert toten Zivilisten. Man musste die Begegnung also später woanders stattfinden lassen, die Fotos nachholen. Es war nur ein Brückenkopf übriggeblieben und der »Schwur von Torgau«, den die gutmeinenden Soldaten an jenem Tag gelobten, stand unter einem schlechten Stern. Stalin passte der ganze Gestus nicht, er schloss die Verantwortlichen aus der Partei aus. Und der dort versprochene ewige Friede hielt nicht sehr lang. Wäre es mit intakter Brücke besser gelaufen?

In den Zeiten des Kalten Krieges war es die Glienicker Brücke bei Potsdam, die zum Symbol einer komplizierten Kommunikation zwischen den Blöcken wurde. Hier fand der Austausch von Agentinnen und Agenten statt. Sie wurden bis zum Brückenkopf gefahren, liefen dann einmal zu Fuß über die Brücke und subjektiv jeweils in die Freiheit. Die vielen Filme, die diese Geschichten nacherzählen, aber auch all die Romane, die von Brücken – ihrem Bau und ihrer Zerstörung – handeln, erzählen davon, dass diese Bauwerke nicht nur physische Verbindungen schaffen, sondern auch Sinn stiften. Man muss kein Experte in Geostrategie sein, um zu ermessen, dass die Zerstörung alter Brücken, an deren Erhaltung alle ein Interesse haben sollten, etwa im Bosnienkrieg, das eindeutige Zeichen dafür sind, dass alle guten Geister die Region verlassen haben. Es gilt für sie, was der Historiker Robert Darnton einmal über Katzen geschrieben hat. Vor der Französischen Revolution kursierte in Paris die Geschichte vom großen Katzenmassaker. Misshandelte Knechte wollten sich an ihren Meistern rächen, indem sie deren Haustiere killten. Darnton beschreibt es als Symbol für einen vorrevolutionären Befreiungsgeist, der sich aber nicht in Begriffen oder Reden äußert, sondern in Katzen. Und so ist das auch mit Brücken: Sie geben allen – studiert oder ungelernt, fremd oder einheimisch, alt oder jung – eindeutige und verlässliche Auskunft über den Stand und den Gang der Dinge.

Auch in unserer digitalisierten Postmoderne bleiben Brücken das mächtigste Symbol für den Zustand des Gemeinwesens. Als im Sommer 2021 ein Spaziergänger in Wiesbaden einige Brocken Beton am Rand seines Weges bemerkte, die dort wenige Tage zuvor noch nicht gelegen hatten, blickte er in die Höhe – zur Salzbachtalbrücke, die schon öfter wegen ihres schlechten Zustands in der Diskussion gewesen war und sich schon teilweise in Restauration befand. Die Betonbrocken deuteten auf akute Gefahr, auf einen sich rapide verschlechternden Zustand hin. Die Brücke wurde gesperrt und mehr noch: Weil unter ihr die Bahnstrecken zum Hauptbahnhof Wiesbaden verlaufen, wurde auch dieser Bahnhof de facto stillgelegt. Die Gefahr, dass Brocken auf die Schienen fallen, war zu groß. Die Brücke erwies sich als so bröselig, dass selbst ein Spezialfahrzeug, das noch Prüfarbeiten durchführen sollte, nicht bewegt werden konnte. Es sollte Monate dauern, bis dieser Lkw mittels eines Spezialkrans von der Brücke gehoben werden konnte.

Die Salzbachtalbrücke wurde 1963 eingeweiht. Es war zugleich das Jahr des Besuchs von John F. Kennedy in Wiesbaden, beides gehört auch kulturgeschichtlich zusammen: Der Warschauer Pakt baut eine Mauer durch Berlin, der Westen Autobahnbrücken für die kostenlose Fahrt ins Wochenende und den Warentransport im Alltag. Die waghalsig hohe Brücke war der irdische Vorschein höherer Missionen, die zur *new frontier,* den unendlichen Weiten des Weltalls führen würden. Doch obwohl das Land reicher, die Technik preiswerter und leistungsfähiger wurde, erodierte die Salzbachtalbrücke vor aller Augen.

Was ist in der Zwischenzeit passiert? Wer trägt die Verantwortung? Lag es an der Vernachlässigung gemeinschaftlicher Bauten zugunsten des privaten Sektors? Hat man nur noch die digitale Welt studiert und bewundert, die analoge aber vergessen? Jede politische Richtung, jede wachstumskritische Bewegung wird andere Antworten geben. Es ist der Ausgangspunkt für eine kritische Auseinandersetzung mit Geschichte und Gegenwart, wird noch zahlreiche kommende Wahlkämpfe befeuern. So viele Fragen beginnen, wenn eine Brücke endet. ■

6 Abenteuer für alle, die den Winter lieben

Philip Laubach hat als Reiseprogrammleiter beim Gräfe und Unzer Verlag die besten Outdoor-Tipps der deutschen Bloggerszene in einem spektakulären Band versammelt. Hier sind seine Lieblinge aus den »Green Adventures«: sechs Ideen für einzigartige Erlebnisse direkt vor der Haustür in der kalten Jahreszeit

FOTOS: INGO STORL, MARTIN BÖHM - WWW.AOSCOM.DE

1

EINE NACHT IM SELBST GEBAUTEN IGLU

SCHAUINSLAND IM SCHWARZWALD

Gute Gelegenheiten für ein Winterabenteuer der besonderen Art bieten sich in der Region um den Schauinsland im Schwarzwald, idealerweise auf einem im Winter nicht genutzten Parkplatz oder Sportplatz. Alternativ eignet sich auch eine Wiese, deren Besitzer um Erlaubnis gefragt wurde und die möglichst über 1000 Meter liegen sollte. Hilfsmittel wie Schneeschaufel und eine Säge sollten natürlich vorhanden sein und dazu: mindestens ein halber Meter Schneehöhe! Es macht nichts, wenn das Iglu nach den ersten Versuchen eher einem unförmigen Schneehaufen mit Eingangsloch gleicht. Hauptsache, es ist stabil. Wenn das Schneehaus fertig ist, wird es mit einer dicken Isomatte und einem warmen Schlafsack eingerichtet, und schon kann die kuschelige Nacht beginnen.

Erlebt und empfohlen von Martin Böhm @outdoorhighlights

MIT HUSKYS DURCH HESSEN: Wer auf dem Hundeschlitten durch die Rhön oder den Vogelsberg gleitet, fühlt sich wie in Kanadas hohem Norden. Erst genießt man die Tour als Passagier, danach darf man als »Musher« sogar lenken

2

UNTERWEGS MIT HUSKYS

NEUHOF/HAUSWURZ, OSTHESSEN

Schlittenhunde mit den meist blauen Augen kennen die meisten von uns nur aus Alaska oder Lappland. Aber auch in Hessen kann man sich von einer Gruppe Huskys durch schneebedeckte Wälder und vorbei an eisigen Seen und Feldern ziehen lassen. Nach einer Einweisung am Trainingswagen werden die Tiere angeschirrt und eingespannt. Zuerst geht es als Passagier mit, um ein Gefühl für das Schlittenfahren zu bekommen. Anschließend darf man selbst zum »Musher« werden und das Gespann lenken.

Erlebt und empfohlen von Jules Topp
@jules_eatrunhike

3

IM ZAUBERWALD

RAMSAU, BERCHTES-GADENER LAND

Aus heutiger Sicht ein echter Glücksfall: Zwischen Schärtenspitze und Steinberg im Hochkaltermassiv brachen vor 3500 Jahren etwa 15 Millionen Kubikmeter Gestein los und stürzten ins Blaueistal. Das Ergebnis: der Hintersee und die wildromantische Landschaft der Ramsau – genannt Zauberwald. Im Hinterland von Bad Reichenhall gelegen, führt hier ein herrlicher Naturlehrpfad entlang der eisblauen Ramsauer Ache durchs weite Tal zum Hintersee. An seinen Ufern hält die Wintersonne den Besucher besonders lange warm.

Erlebt und empfohlen von Judith Beck
@about-ju.com

4

LUST AUF LOIPEN

OBERHOF, THÜRINGER WALD

Wenn auf den Kamm des Thüringer Waldes der erste Schnee fällt, verwandeln sich die Wanderwege um den Wintersportort Oberhof in weiße Skiwanderwege wie aus dem Bilderbuch. Es ist ein Paradies für Langläufer. Knapp 1800 Kilometer Loipen ziehen sich über die Höhen und durch die Täler der Gegend. Auch der Rennsteig ist dann fast über die gesamte Länge gespurt und begehbar. Ob Anfänger oder Fortgeschrittene, jeder kommt hier auf seine Kosten.

Erlebt und empfohlen von
Mirjam Hacker und Michael Bley
@outdoor.nomaden

DER ZAUBERWALD RAMSAU ist ein Ort für Romantiker. Wenn die Sonne zwischen den Bäumen aufblitzt, möchte man nur noch den Moment genießen

IM THÜRINGER WALD finden Langlauf-Fans ein rekordverdächtiges Loipennetz. Wie hier bei Masserberg führen gut gespurte Routen durch eine Märchenlandschaft

DIE WILDPFERDE IM NEANDERTAL haben viel Platz zum Galoppieren. Mit Auerochsen und Wisenten leben sie im 23 Hektar großen eiszeitlichen Wildgehege.

DAS GROSSE GLITZERN IM ERZGEBIRGE lässt sich bei der Tour auf den 1215 Meter hohen Fichtelberg erleben. Guter Ausgangspunkt: der Kurort Oberwiesenthal

5

URZEIT-TIERE IM JETZT NEANDERTAL, METTMANN

Sie gehören zu den letzten ihrer Art, und man begegnet ihnen im Neandertal: Eine Winterwanderung rund um das eiszeitliche Wildgehege bei Mettmann führt zu zwischenzeitlich fast ausgestorbenen Wisenten und Rückzüchtungen von Parpan-Wildpferden und Auerochsen. Der Anblick der Tierherden mit ihrem dichten, plüschigen Winterfell wirkt wie eine Zeitreise in die Vergangenheit. Mit einer Patenschaft für eines der urzeitlichen Tiere kann man den Naturschutzverein Neandertal unterstützen und das Naturschutzgebiet erhalten.

Erlebt und empfohlen von Sabrina Bechtold @couchflucht

6

WINTERWUNDER AM FICHTELBERG ERZGEBIRGE

Sachsens Bergwelt ist groß: Da wären das Zittauer Gebirge ganz im Osten, die Sächsische Schweiz, das Elstergebirge im Vogtland oder aber das Erzgebirge mit Bergbau-Vergangenheit und Kammlagen, die schneesichere Winterabenteuer versprechen. Wer hier auf Tour geht, findet mit dem Kurort Oberwiesenthal einen idealen Ausgangspunkt. Am Fuße des Fichtelbergs gelegen, lassen sich von hier aus Winterwanderwege auf und um Sachsens höchsten Berg erkunden.

Erlebt und empfohlen von Elisa Model @take_an_adVANture

Green Adventures in Deutschland, draußen – überraschend – wild
Für alle, die Outdoor-Abenteuer vor der eigenen Haustür entdecken wollen. Mit Beiträgen von Christo Foerster, Kathrin Heckmann, Martin Böhm, Julia Topp, Elisa Model, Judith Beck, Line Dubois, Sebastian Canaves u. a. **Polyglott, 362 Seiten, 29 Euro, greenadventures.de**

Einfach einscannen und diese und weitere Winterausflüge in Deutschland auf greenadventures.de entdecken!

FOTOS: TOURISMUS NRW E.V., JAN/STOCK.ADOBE.COM

Allgäu
Endlich wieder leckere Aussichten.
Echte Allgäuer Spezialitäten – jetzt auf unseren Hütten genießen.
winter.allgaeu.de
Aktien
BIER

ALLGÄU

WIEGE DES WINTERSPORTS

Vor über 100 Jahren entdeckten die Allgäuer ihre Berge als ideale Landschaft für Sport und Spaß. Klettern, Skifahren und Wandern ziehen seitdem Urlauber aus aller Welt an

FOTOS: FOTOHAUS HEIMHUBER, MARC OEDER/ALLGÄU GMBH

Wo heute die runderneuerte Nebelhornbahn von Oberstdorf (828 m) mit den Zwischenstationen Seealpe (1280 m) und Höfatsblick (1932 m) aufs Nebelhorn (2224 m) führt, musste früher mit Tourenski oder Schneeschuh aufgestiegen werden. Der Lohn war ein großartiger Blick auf Großer Wilder, Höfats, Jochspitze und Rauheck. Einen Skikurs in Oberstdorf belegte 1930 Kronprinzessin Juliane von Holland (rechts). Sie residierte mit Gefolge im »Wittelsbacher Hof« – das Hotel gibt es noch heute

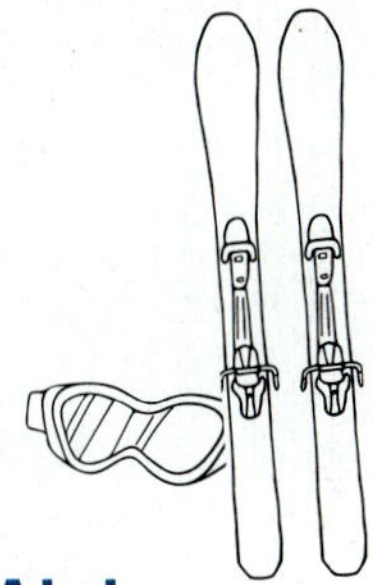

FOTOS: HENRIK VOLPERT/OBERSTDORF-KLEINWALSERTAL BERGBAHNEN, FOTOHAUS HEIMHUBER (2), ILLUSTRATION: LILKIN/STOCK.ADOBE.COM

Wer kennt das nicht? Blättern wir in alten Fotoalben, stellen wir meist fest, wie viel sich doch verändert hat im Lauf der Jahre – und kommen gern zu dem Urteil: Früher war alles besser. Wer in der Bahnhofstraße Nummer 1 zu Sonthofen die Treppe in den ersten Stock steigt, findet sich in einer schwarz-weißen Foto-Welt, die einem altertümlich und zugleich doch merkwürdig vertraut vorkommt. Das Museum des Fotohauses Heimhuber zeigt eine einmalige Retrospektive aus 140 Jahren Landschafts- und Heimatfotografie. Und das Faszinierende und gleichzeitig Beruhigende ist: Die Ursprünglichkeit und kraftvolle Schönheit der Allgäuer Berglandschaften hat sich in großen Teilen bis heute erhalten. Die Menschen auf diesen historischen Bergfotos sind natürlich anders gekleidet; Knickerbocker und wollener Wams statt Softshell und Goretex. Die Ski aus Holz selbstverständlich und doppelt so lang wie die Hightech-Carver von heute. Aber dennoch: Die wettergegerbten Gesichter der ersten Bergführer, die staunenden Augen der frühen Touristen – sie zeigen auf den alten Fotos etwas, das die Menschen, die im Allgäu leben, arbeiten oder es als Urlauber besuchen, auch heute noch haben: Es ist so ein Strahlen, ein Funkeln in den Augen. Und so eine Gelassenheit. Beneidenswert. Vielleicht teilen die Einheimischen und Besucher über all die Generationen eine Gewissheit: Das Allgäu war schon immer, das Allgäu ist heute und – das Allgäu soll auch noch morgen so sein; so schön und so ursprünglich.

Damit dies kein Wunschtraum bleibt, ist Nachhaltigkeit das große Thema in der Region. Auch für Spitzen-Wintersportler wie Olympiasieger Johannes Rydzek aus Oberstdorf. Der Nordische Kombinierer

Ski Alpin

Acht Skiregionen in den Allgäuer Alpen haben sich zu Deutschlands größtem Liftverbund zusammengeschlossen. Die Auswahl im »Superschnee«-Gebiet ist riesig, die »Superschnee-Karte« umfasst 405 Pistenkilometer in Bayern und im benachbarten Österreich. Dazu gehören Tegelberg (Schwangau) und Breitenberg (Pfronten), Jungholz und Nesselwang, Tannheimer Tal und Reutte (Tirol), Bad Hindelang mit Oberjoch und Unterjoch, Alpsee, Grünten und Buchenberg, Oberstdorf und Kleinwalsertal und die Hörnerdörfer.

superschnee.de

Bad Hindelang **ist besonders bei Familien mit Kindern beliebt. Der Skipass umfasst neben den Liften und Bergbahnen für 38 Pistenkilometer kostenlosen Zugang zu Erlebnisbädern und Rodelbahnen sowie dem Kinder-Spielparadies »Allgäulino«. Das eigene Auto kann in der Garage bleiben: Sämtliche Attraktionen sind mit Bussen erreichbar, die für Besitzer des Skipasses »Plus-Karte« gratis zu nutzen sind.**

badhindelang.de

In ***Oberstaufen*** **warten neben rund 40 präparierten Pistenkilometern jeden Schwierigkeitsgrades auch viele herrliche Skitouren auf die Wintersportler. Inmitten der Natur und abseits der Pisten aufzusteigen, ist ein einmaliges Erlebnis – und die Abfahrt durch den unberührten Pulverschnee ist eine besondere Belohnung. Der Skipass, Eintritt ins Erlebnisbad und mehr sind in der für Urlauber kostenlosen Gästekarte »Oberstaufen-Plus« enthalten.**

oberstaufen.de/winter

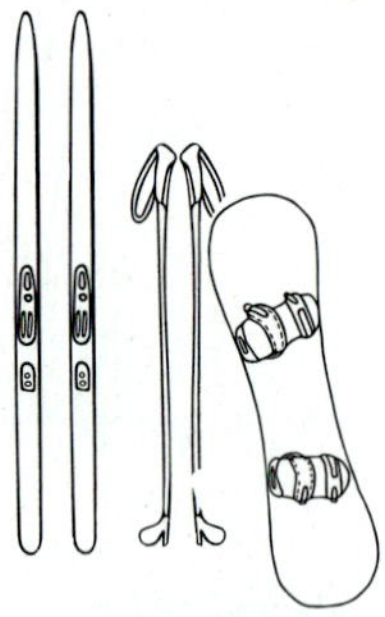

Snowboarding

Der Snowpark in *Nesselwang* ist ein fantastischer Spielplatz für alle Boarder und Freerider. Buckel, Rampen und Steilwände in verschiedenen Größen und Formen erlauben große Sprünge. Die Anlage kann künstlich beschneit werden, ist also schneesicher. Hier treffen sich die jungen Leute, abends sorgt Flutlicht für eine coole Party-Atmosphäre.

nesselwang.de/snowpark-allgaeu

Die Crystal Family vereint drei Funparks im *Zwei-Länder-Skigebiet Oberstdorf Kleinwalsertal.* Crystal Slope und Crystal Peak am Fellhorn und der für seine kreativen Setups bekannte Crystal Ground an der Kanzelwand im Kleinwalsertal versprechen actionreiche Funkparkmomente. Funparks für Snowboarder finden sich darüber hinaus in vielen weiteren Allgäuer Skiorten. Etwa der Golden Groves Snowpark im Tannheimer Tal, The Horny Park in den Hörnerdörfern, in Steibis der Almdudler Snowpark oder der Crystal Ground im Kleinwalsertal. Eine Übersicht:

ok-bergbahnen.com/aktiv-sport/skifahren/funparks-funslope/

Ski-Langlauf

Rund 45 Kilometer gespurte Langlauf-Loipen ziehen sich durchs Pfrontner Tal. Wem der Rückweg zu lang wird, darf sich von einem der für Gäste kostenlos verkehrenden Busse zurückbringen lassen.

www.pfronten.de

Ein Langlauf-Paradies mit über 100 Kilometer gespurten Loipen wartet im Tannheimer Tal.

tannheimertal.com

Neue Perspektiven: Skispringer Toni Brutscher fliegt 1950 bei der 1. Internationalen Skiflugwoche in Oberstdorf mit der Leica am Bauch

schrieb seine Bachelor-Arbeit für die Fakultät Wirtschaftsingenieurwesen in Kempten über die Nachhaltigkeit des Umbaus des Langlaufstadions im Ried. Rydzek vertritt den Ansatz, dass eine Sportstätte nicht nur für Leistungssportler, sondern auch für Touristen und Amateure gebaut werden sollte: »Je mehr Leute die sportliche Infrastruktur nutzen, desto nachhaltiger ist die Sportstätte an sich. Die sogenannten Finnenbahnen etwa, die mit Hackschnitzeln bestreut sind, dämpfen sehr gut und könnten somit zu gelenkschonenden Naturlehrpfaden für die ganze Familie werden.« Mit seiner Verbundenheit zur und dem Engagement für die Allgäuer Heimat befindet sich Rydzek in guter Gesellschaft.

Max Bolkart etwa, Jahrgang 1932, Gewinner der Vierschanzentournee 1959/60, ist seit Jahrzehnten einer der rührigsten Botschafter des Allgäus. Wenn er im Kaminzimmer des familienbetriebenen Hotels Freiberg in Oberstdorf die Gäste mit seinen Erlebnissen vom Skispringen und der Schönheit der Berge begeistert, dann ist da wieder dieses Funkeln in den Augen – bei Max Bolkart ebenso wie bei seinen Zuhörern. Doch nicht nur Skispringen und Langlauf gehören zu den sportlichen Domänen des Allgäus. 500 alpine Pistenkilometer locken den Anfänger genauso wie den Könner. Ob zum autofreien Winterurlaub in Bad Hindelang mit seinem über 20000 Quadratmeter großen »Schneekinderland Oberjoch« oder in Oberstaufen, wo 28 Lifte und Bergbahnen vier große Skigebiete vereinen. Hier, im Oberallgäu, liegt auch der 1124 Meter hohe Hochsiedl mit seinem exponierten Gratkopf, dem »Hündle«. »Das Hündle war mein Trainingsberg – und heute ist es mein Lieblingsberg!«, sagt Heidi Biebl, Olympiasiegerin im Abfahrtslauf von 1960 in Squaw Valley. Die Oberstaufnerin hat hier das Skifahren erlernt und wurde auf den Hündle-Pisten zu einer der besten Skifahrerinnen ihrer Zeit. Später brachte sie am Hündle Generationen von Kindern und erwachsenen Skianfängern in ihrer Skischule den rechten Schwung bei. Aber auch ohne Ski ist das Hündle Heidi Biebls

FOTOS: FOTOHAUS HEIMHUBER (2), DOMINIK BERCHTOLD, ULLIGUNDE.COM, ILLUSTRATION: LILKIN/STOCK.ADOBE.COM

Zeitlose Winterträume: Ob heutzutage beim Skilanglauf durchs Rohrmoostal bei Oberstdorf oder 1966 warm eingepackt im Pferdeschlitten auf dem Weg vom Gibelhaus nach Hinterstein – das Fotohaus Heimhuber dokumentiert den Allgäu-Tourismus seit 140 Jahren. Magdalena Heimhuber leitet das Atelier in fünfter Generation. In ihrem Sonthofener Fotohaus ist eine kostenlose Dauerausstellung eingerichtet

Alles geht im Allgäu: Ob Entspannung, wie bei einer Winterwanderung am Hopfensee, Akrobatik, wie dieser frühe Ski-Freestyler aus dem Jahr 1934, oder Kraft, Mut und Geschicklichkeit, die die frühen Skitourengänger brauchten, hier beim Aufstieg an der steilen Nordwand am Nebelhorn

Gute Küche auf der Hütte

Ski-Hütten-Vesper hat nicht den besten Ruf. Im Allgäu aber gehen die Hüttenwirte einen anderen Weg. Gesunde und leckere »Feel Good«-Gerichte aus regionalen Zutaten stehen hier auf der Speisekarte. Vollwertig, ohne künstliche Zusatzstoffe, ebenso vegetarische und vegane Köstlichkeiten. Ein Klassiker: Maultaschen auf der Alpe Bierenwang

Lieblingsberg: »Ich wandere hinauf, laufe den Panoramaweg bis zum Gipfel, kehre auf dem Rückweg in der Hütte ein und fahre dann mit der Bahn wieder ins Tal.« Wie oft sie schon oben war? Unmöglich zu sagen. Aber es wird ihr nie langweilig, zu jeder Jahreszeit hat das Hündle ein anderes Gewand und jedes hat seine Reize.

All diese Orte, Landschaften und Menschen finden sich auf den historischen Fotos im Fotohaus Heimhuber. 1876 eröffnete Joseph Heimhuber in Sonthofen das erste Fotoatelier im Allgäu. Anfänglich waren es hauptsächlich Porträtaufnahmen, und fotografiert wurde ausschließlich sonntags, wenn die Leut' aus dem Dorf ordentlich im Sonntagsgewand gekleidet waren. Aber schon 1882 schleppte Joseph seine schwere Ausrüstung mit ein paar Trägern auf den Mädelegabelferner – und markierte damit den Beginn der Gebirgs- und Landschaftsfotografie im Allgäu! Ansichtskarten wurden in den nächsten Jahrzehnten der Renner bei den Heimhubers. Und so ging es weiter, von Generation zu Generation. Die Heimhubers waren dabei mehr als bloß Fotografen. Als Skipioniere, Bergsteiger und Erfinder (etwa der Skistock-Teller aus Metall) gehen sie in die Geschichte ihrer Heimat ein. Das Archiv, das sich über die 140 Jahre gefüllt hat, dokumentiert die Region so ausführlich und lückenlos, dass es Vergleichbares in Europa kaum gibt. Es zeigt die harte Arbeit der Bergbauern, aber auch Feierlichkeiten, Feste und Brauchtum. Vor allem aber legt es Zeugnis ab von der Liebe der Menschen zu ihrer Heimat, zu den Bergen und dem Skisport. Für Magdalena Heimhuber, die das Atelier in fünfter Generation gemeinsam mit ihrer Mutter Claudia führt, ist es Ansporn und Verpflichtung zugleich, die Geschichte fortzuschreiben. »Einzigartiges muss erhalten werden.« Das trifft auch auf das Allgäu zu.

FOTOS: MARC OEDER/ALLGÄU GMBH, FOTOHAUS HEIMHUBER (2), OBERSTDORF·KLEINWALSERTAL BERGBAHNEN; ILLUSTRATION: LILKIN/STOCK.ADOBE.COM

Schneeschuhwandern

Für Anfänger und Geübte gibt es zahlreiche Routen, die im Winter mit Schneeschuhen, im Sommer mit Wanderstiefeln begangen werden können. So etwa der anspruchsvolle Rundkurs von der Bergstation Hochgratbahn zur Oberen Lauchalpe und zurück.

allgaeu.de/a-bergstation-hochgratbahn-obere-lauchalpe

Eine etwas leichtere Tour, die auch für Anfänger gut geeignet ist, führt am Schönkahler über eher flaches Gelände auf einer vom Deutschen Alpenverein gepflegten, umweltverträglichen Route.

allgaeu.de/a-schoenkahler-schneeschuhtour-skibergsteigen-umweltfreundlich

Rodeln

Rodeln ist ein Winterspaß für die ganze Familie. Im Allgäu warten tolle, gepflegte Bahnen für rasanten, aber sicheren Rodelspaß. Im Tannheimer Tal beispielsweise geht es über 120 Meter durch einen an vom Disney-Film »Ice Age« inspirierten Parcour. Wer nicht hochlaufen möchte, kann bequem ein Förderband nutzen.

tannheimertal.com

Einen Rodelspaß mit Einkehrschwung bietet die Rodelpiste am Ofterschwanger Horn. Rund einen Kilometer lang ist die gut präparierte Strecke, hinauf geht's mit der Gondel. Wer sich ausgetobt hat, stärkt sich auf der Weltcup-Hütte von der man einen prächtigen Ausblick hat.

hoernerdoerfer.de

LEIDENSCHAFTLICHER GENIESSER, der auf Produktqualität und Handwerkskunst achtet: Johann Lafer, 64

»FÜR DIESE SPEISEN IST MIR KEIN UMWEG ZU WEIT«

Kochen ist sein Leben. Essen natürlich auch. Und daher weiß keiner besser als **Johann Lafer,** wo man für ein perfektes Schnitzel oder einen leckeren Steinbutt einen Tisch reservieren sollte. Seine Empfehlungen auf einen Blick

SYLTER ROYAL UND SCHWENKBRATEN
Deutschlands einzige Austernzucht befindet sich vor Sylt, beim »Schwenken« wird Fleisch auf einem Rost gegrillt

1

WIENER SCHNITZEL

Johann Lafer sagt: »Das beste Wiener Schnitzel außerhalb Österreichs gibt es bei meinem Landsmann Mario Lohninger in Frankfurt am Main. Das gilt auch für seinen Kaiserschmarren. Handwerk in Perfektion! Er macht der österreichischen Kochkunst alle Ehre.«
Lohninger hat schon für Hollywood-Größen wie Brad Pitt gekocht. Das war in seiner Zeit als Küchenchef im »Danube« (Donau) in New York City. Eigentlich wollte er Profi-Ski-Rennläufer werden, es kam aber zu zwei anderen Konstanten in seinem Leben: Genuss und Familie. Seit 2010 führt er sein Restaurant am Mainufer in »Mainhattan«.

Restaurant Lohninger Frankfurt am Main, Schweizer Str. 1, lohninger.de

2

SYLTER ROYAL

Johann Lafer sagt: » Früher musste man Austern nach Deutschland importieren. Gut, dass sich jemand die Mühe gemacht hat, Deutschlands einzige Austernzucht vor der Küste von Sylt zu beginnen. Sylter Royal sind ein purer Genuss. Es gibt zwei Möglichkeiten, sie zu probieren: Entweder rustikal im Lokal der Zucht in List oder edel im ›Söl'ring Hof‹ bei Küchenchef Jan-Philipp Berner.«
Überfischung führte in den 1920er Jahren dazu, dass es in der Nordsee keine Austern mehr gab. In den 1970ern wurde die Pazifische Felsenauster durch die Bundesforschungsanstalt für Fischerei mit guten Ergebnissen wieder ausgesetzt. 1986 wurde Dittmeyer's Austern-Companie GmbH gegründet, die 2020 in List einen Neubau mit Restaurant eröffnete.

Sylter Royal List, Hafenstr. 10-12, sylter-royal.de **Söl'ring Hof** Rantum, Am Sandwall 1, soelring-hof.de

3

SCHWENKBRATEN

Johann Lafer sagt: »Nicht nur für Piloten, die dort mit dem Flieger landen, sondern auch für alle anderen Gäste ist die Flugplatzgaststätte in Idar-Oberstein ein absolutes Ausflugshighlight. Bei Helga Rossmann empfehle ich alle ihre gegrillten Spezialitäten, aber vor allem den Schwenkbraten, den kann ich gar nicht oft genug bestellen.« Es klingt nach einem echten Geheimtipp, den Johann Lafer während seiner Ausbildung zum Hubschrauberpiloten entdeckte. Allerdings nicht unter Flugkapitänen: 2019 wurde Helga Rossmanns Lokal, in dem überm offenen Feuer gegrillt wird, zur besten Flughafen-Gaststätte Deutschlands gekürt. Viele Piloten bestellen übrigens aus der Luft ihr Essen. Dafür funken sie: »Sierra«, das steht für Schweinekamm, »Lima« für Schweinelende, »Romeo« für Roastbeef und »Foxtrott« für Rinderfilet.

Flugplatz Gaststätte Idar-Oberstein
Frequenz 128.360 MHz
flugplatz-gaststaette.de

DREI REGIONALE SPEZIALITÄTEN, DIE BESSER SCHMECKEN ALS SIE AUSSEHEN

Weckewerk (Nordhessen)
Zutaten: Schweinegehacktes, -schwarte, -Bauchfleisch, altbackene Brötchen (nordhessisch: Wecke), Fleischbrühe. *Zubereitung:* Alles fein mahlen, in der Pfanne braten, scharf würzen, dazu Pellkartoffeln und Kümmel. *Wo?* Morth's Hofladen.
Witzenhausen, Eschweger Str. 28
morths-hofladen.de

Labskaus (ursprünglich auf See, jetzt in Hamburg)
Zutaten: gepökeltes Rindfleisch, eingelegte Rote Bete, Zwiebeln, Kartoffeln. *Zubereitung:* Kartoffeln kochen, Zwiebeln dünsten, Rindfleisch und Rote Bete mit Zwiebeln und Kartoffeln pürieren, dazu Matjes und ein Spiegelei. *Wo?* »Old Commercial Room«, das Hamburger Traditionsrestaurant (seit 1795).
oldcommercialroom.de

Obazda (Bayern)
Zutaten: Rahm-Camenbert, Frischkäse, Butter, rote Zwiebeln, Paprikapulver, Salz, Pfeffer, Schnittlauch, Kümmel, etwas Bier. *Zubereitung:* Zwiebeln, Schnittlauch schnei den, Käse mit Gabel zerdrücken, alles vermengen, Bier unterrühren, würzen. *Wo?* Biergarten »Zum Flaucher«.
München, zumflaucher.de

FOTOS: PETER HONNEMANN, MADS ARMGAARD/JALAG/SEASONS.AGENCY, MARKUS BASSLER

DIE BESTEN BÄCKER
(Von der Redaktion DER FEINSCHMECKER getestet und ausgezeichnet)

Schleswig-Holstein
Dampf-Bäckerei Drews Büdelsdorf, Hollerstr. 98. dampfbaeckerei-drews.de

Hamburg
Sören Korte Brotmanufaktur Weidenallee 61 korte.brotmanufaktiur@web.de

Bremen
Joona's Brotbude Friedrich-Humbert-Str. 120, brotbude.de

Mecklenburg-Vorpommern
Mühlenbäckerei Schwerin, Hauptstr. 16, muehlenbaeckerei.com

Brandenburg
Bäckerei Braune Potsdam, Friedrich-Ebert-Str. 101, baeckerei-braune.de

Berlin
Königliche Backstube Zwiestädter Str. 10 koenigliche-backstube.berlin

Niedersachsen
Brotmanufaktur Stadtländer Walsrode, Quintusstr. 31 brotmanufaktur-stadtlaender.de

Hessen
Mehlwassersalz Frankfurt, Domstr.10, mehlwassersalz.club

Thüringen
Kaffeehaus Gräfe Eisenberg, Kleiner Brühl 2, kaffeehausgraefe.de

Sachsen-Anhalt
Bäckerei Matthias Gelbke Quedlinburg, Langenbergstr. 5 backtradition.com

Sachsen
Erste Erzgebirgische Holzofen-Schaubäckerei Werner Mülsen, Ortmanssdorferstr. 58 holzofen-schaubaeckerei.de

Nordrhein-Westfalen
Boulangerie Merlé Köln, Dürenerstr. 100, boulangerie-merle.de

Rheinland-Pfalz
Kissel, Brot und mehr Reichenbach, Herrenbergstr. 3, kisselbrot.de

Saarland
Bäckerei Stefan Anstadt Saarbrücken, Obertor 2, baeckerei-anstadt.de

Baden-Württemberg
Königsbäck Stuttgart, Gablenberger Hauptstr. 70, koenigsbaeck.de

Bayern
Julius Brantner Brothandwerk München, Adalbertstr. 25 julius-brantner.de

4

HIMMEL UN ÄÄD

Johann Lafer sagt: »Ich bin auf dem Bauernhof aufgewachsen, ich liebe rustikale Küche. Wer Deftiges isst, bekommt Durst und muss trinken. Himmel un Ääd mit Blut- und/oder Leberwurst ist eine exzellente Grundlage für das eine oder andere frisch gezapfte Kölsch. Am liebsten im ›Brauhaus Früh‹ am Dom, denn so ein Gericht muss man in geselliger Runde essen.« Himmel und Erde setzt sich zusammen aus Stampfkartoffeln und Apfel.

Brauhaus Früh Köln, Am Hof 12-18
frueh-am-dom.de

5

WARME BREZEL VON BÄCKER BAIER IN HERRENBERG

Johann Lafer sagt: »Die beste ofenfrische, noch warme Brezel, am besten mit etwas Butter bestrichen, bekommt man beim Weltmeisterbäcker Jochen Baier in seiner schwäbischen Backstube. Und für süße Zungen: Man muss nicht in den Schwarzwald fahren, um ein Stück der besten Schwarzwälder Kirschtorte zu probieren. Auch die gibt es bei Baier in seinem Café in der Hewlett-Packard Str. 2 in Herrenberg.« Zu den größten Leidenschaften des Kochs Johann Lafer gehören die Nachspeisen. Man könnte sagen: Er hat auch die süße Zunge. Daher ist seiner Empfehlung, einen Abstecher nach Herrenberg zu Baier zu wagen, um eine Schwarzwälder Kirsch zu essen, unbedingt Folge zu leisten. In der sechsten Generation führt Jochen Baier die Bäckerei, die Johann Jacob Friedrich 1835 gründete. Ihn treibt die Sehnsucht nach »reinem, ehrlichem Brot«, gesund und unverfälscht. Er backt nur mit Ur-Getreide. Seit 1999 ist die Bäckerei Baier Demeter-zertifiziert.

Stammhaus Bronngasse 18
Backhaus & Café Hewlett-Packard Str. 2
baecker-baier.de

6

WEISSWÜRSTE

Johann Lafer sagt: »Die besten Weißwürste in München gibt es unbestritten bei Ludwig Wallner in der ›Gaststätte Großmarkthalle‹. Er brüht sie jeden Morgen frisch in der eigenen Metzgerei. Viele Münchner Gastronomen schwören darauf.« Wenn es um die Weißwurst geht, dann »ist er einer der Letzten seiner Art«, schreibt die *Süddeutsche Zeitung*. Heißt: Bei Ludwig Wallner ist alles Handarbeit, wenn er um halb sechs Uhr in der Früh in den Kellerräumen seiner Gaststätte zu arbeiten beginnt und die Mischungfür die Würste ansetzt: 100 Prozent Kalbsbrät, fein geschnittener Speck, Zitrone, Pfeffer, Muskat, Petersilie und dazu ein spezielles Weißwurstgewürz, Inhalt geheim. Familiensache. »Ich versuche jeden Tag, meine Ware besser zu machen, das ist meine Motivation«, sagt Wallner. Im Namen aller Weißwurstfans: Dankeschön!

Gaststätte Großmarkthalle München, Kochelseestr. 13, gaststätte-großmarkthalle.de

7

NORDSEE-STEINBUTT

Johann Lafer sagt: »Das ›Fischereihafen Restaurant‹ im Hamburger Hafen ist eine Institution. Einmal im Leben muss man dort gesessen und gegessen haben. In 99 Prozent meiner Besuche wähle ich den Nordsee-Steinbutt mit Pommery-Senfsauce. Ein Klassiker. Einfach großartig, wie der Fisch, die Kartoffeln und die Sauce zubereitet werden. Die Senfkörner sorgen für den knackigen Biss. Ein ausgereiftes Rezept, das die Köche perfekt beherrschen.« Die Familie Kowalke hat sich der traditionellen Fischküche verschrieben. Gut, dass sie sich stets treu bleiben und Gerichte ohne Chichi anbieten.

Fischereihafen Restaurant Hamburg, Große Elbstr. 143, fischereihafenrestaurant.de

FOTOS: MARKUS BASSLER, BÄCKER BAIER, WOLFGANG SCHARDT/DER FEINSCHMECKER

DELIKATESSEN
Nach Traditionsrezept: die Weißwürste von Ludwig Wallner. Mit Ur-Korn: die Brezeln und das Brot von Bäcker Baier. Deftig-fruchtig: Himmel un Ääd im »Brauhaus Früh«

»DIE BESTE WEISSWURST GIBT ES UNBESTRITTEN BEI LUDWIG WALLNER IN DER ›GROSSMARKT-HALLE‹«

PFÄLZER SAUMAGEN UND GRÜNE SAUCE
Feine Saumagenmasse vom Metzger Hambel. Sieben frische Kräuter für die Grüne Sauce

DIE BESTEN METZGER

(Von der Redaktion DER FEINSCHMECKER getestet und ausgezeichnet)

Schleswig-Holstein
Fleischerei Holst Rieseby, Dorfstr. 10, fleischerei-holst.de

Hamburg
Fleischerei Radbruch Diekweg 14 fleischerei-radbruch.de

Bremen
Fleischerei Karl Safft Vor dem Steintor 135, fleischerei-safft@t-online.de

Mecklenburg-Vorpommern
Fleischerei Timm Bad Doberan, Mollistr. 7, metzgerbande@web.de

Brandenburg
Fleischerei Buttgereit Potsdam, Garnstr. 2, kringelwurst.de

Berlin
Erchinger Fleisch- und Wurstmanufaktur Greifswalder Str. 205 fleischerei-erchinger.de

Niedersachsen
Fleischerei Hollmann Scheeßel, Bahnhofstr.25, fleischerei-hollmann.de

Hessen
Metzgerei Waibel Frankfurt, Leipziger Str. 15, metzgerei-waibel.de

Thüringen
Schraps Fleisch- und Wurstwaren Gera, Reichsstr. 58/60 fleischerei-schraps.de

Sachsen-Anhalt
Landschlachterei Ferchland Ferchland, Hauptstr. 2 landschlachterei-ferchland.de

Sachsen
Fleischerfachgeschäft Popella Aue, Dr.-Külz-Str. 2 fleischerei.popella@t-online.de

Nordrhein-Westfalen
Feinkostfleischerei Hidding Münster, Rothenburg 2, fleischerei-hidding.de

Rheinland-Pfalz
Metzgerei David Worms, Binger Str. 23, metzgerei-david.de

Saarland
Metzgerei Schwitzgebel Homburg, Hauptstr. 58 metzgerei-schwitzgebel.de

Baden-Württemberg
Albmetzgerei Failenschmid St. Johann, Parkstr. 2, failenschmid.de

Bayern
Metzgerei Lutz Pöcking, Hauptstr. 26 metzgerei-lutz.com.

8 PFÄLZER SAUMAGEN

Johann Lafer sagt: »Pfälzer Saumagen ist ursprünglich ein Arme-Leute-Essen. Und auf einmal lernen es Staatsgäste aus aller Welt kennen, denn Helmut Kohl kehrte mit ihnen über Jahrzehnte im ›Deidesheimer Hof‹ ein. Auch dies ein derbes Gericht, das von den Feinheiten und der Produktqualität lebt. Ich selbst besorge mir, wenn ich koche, immer wieder den leckeren Brät bei Metzger Hambel in Wachenheim.«

Über die pfälzische »Saumagen-Diplomatie« sind in Nachrichtenmagazinen Titelgeschichten geschrieben worden. Die Treppe zur Erfrischungsabteilung des »Deidesheimer Hofs« ist mit den Fotos der Staatsgäste und anderer Berühmtheiten dekoriert. Der Saumagen, den Küchenchef Stefan Neugebauer kredenzt, gibt es in der Gourmet-Abteilung des Hauses auch in einer De-luxe-Version mit Perigord-Trüffel. »Aber ich bevorzuge Saumagen nach dem klassischen Rezept«, sagt Johann Lafer.

Deidesheimer Hof Deidesheim, Am Marktplatz 1, deidesheimerhof.de

9 CURRYWURST

Johann Lager sagt: »Ich bin einverstanden: Die beste Currywurst in Berlin gibt's für viele bei ›Curry 36‹ am Mehringdamm. Schon das Schlangestehen ist ein soziales Ereignis.« Was für eine Erfolgsgeschichte: Aus dem »klitzekleinen Büdchen« (Eigenbeschreibung) im Hauseingang Mehringdamm 36 wurde eine Berliner Institution mit Stammgästen aus aller Welt, vier Standorten und internationalem Ruf. Neben »Klassiker« und »Bio« gibt es inzwischen auch »Veggie«.

Curry 36 Berlin, Mehringdamm 36 curry36.de

10 FRANKFURTER GRÜNE SAUCE

Johann Lafer sagt: »Frankfurter Grüne Sauce avancierte zuletzt zum Darling der Sterneküche, wo sie vielfach kreativ interpretiert wurde. Am besten schmeckt mir das Original in Ebbelwoi-Kneipen in Sachsenhausen, allen voran im ›Kanonesteppel‹ in der Textorstraße.« Die kalte Grüne Sauce (die Kräuter: Petersilie, Schnittlauch, Sauerampfer, Borretsch, Kresse, Kerbel, Pimpernelle; die weiteren Zutaten: Saure Sahne oder Schmand, Essig, Öl, Salz, Pfeffer) genießt in Frankfurt geradezu religiöse Verehrung. Man isst sie mit Salzkartoffeln und hart gekochten Eiern, aber auch als Sauce zum Schnitzel. Möglichst immer mit »Schobbe« aus dem Bembel im »Gerippten«.

Kanonesteppel Textorstr. 20 oder
Zum Gemalten Haus Schweizer Str. 67

FOTO: BERND JÜRGENS/STOCK.ADOBE.COM

Kunsttempel des Nordens: Die Hamburger Kunsthalle wurde ausgerechnet in der »Langen Nacht der Museen« beraubt

+++ TATORT MUSEUM +++

An diesen sieben Orten sind Kunstwerke auf spektakuläre Weise verschwunden – oder auch einfach, weil sie gerade nicht gefielen

1

+++ HAMBURG / KUNSTHALLE +++

Es ist die Nacht auf den 25. Mai 2002, Hamburg feiert die »Lange Nacht der Museen«. Auch die Kunsthalle ist dabei, Hamburgs größtes Kunstmuseum. Hier hängt Caspar David Friedrichs »Wanderer über dem Nebelmeer«, außerdem Werke berühmter Impressionisten wie Cézanne, Manet, Monet und Alte Meister wie Rembrandt und Cranach. Von 18 Uhr bis 3 Uhr morgens ist der Kunsttempel geöffnet, 16 000 Menschen streifen durch die Säle. Irgendwo unter ihnen sind auch die Diebe, denen es gelingt, eine Bronzeskulptur von Alberto Giacometti – geschätzter Wert 500 000 Euro – gegen eine ungenaue hölzerne Kopie auszutauschen. Ihr Vorgehen ist denkbar einfach: Sie heben die unbefestigte Plexiglashaube an, nehmen die Skulptur vom hölzernen Sockel und ersetzen sie durch die Kopie, die dem Original nur entfernt gleicht. Sie rauben das Stück inmitten von Tausenden Kunstinteressierten an einer der wichtigsten Zugangsachsen des Museums. Schmerzliches Detail: Der Austausch fiel erst drei Tage später auf.

Hamburger Kunsthalle, Glockengießerwall 5
hamburger-kunsthalle.de

2

+++ DRESDEN / GRÜNES GEWÖLBE +++

Es gibt kaum einen Ort auf der Welt, an dem mehr Kostbarkeiten auf so engem Raum versammelt sind: Das Grüne Gewölbe des Dresdner Residenzschlosses ist die bekannteste Schatzkammer des Barock, sie birgt Wunderwerke wie den Kirschkern, in den 185 Köpfe geschnitzt sind, oder den größten grünen Diamanten, der je gefunden wurde. Dass ausgerechnet hier Diebe im November 2019 mit brachialer Dreistigkeit zuschlugen, war ein Schock für die Kunstwelt. Durch ein Fenster stiegen sie in das Gebäude ein und zertrümmerten mit der Axt eine Vitrine im sogenannten Juwelenzimmer. Der Raub dauerte nur wenige Minuten, die Diebe erbeuteten kostbarste Stücke wie die große Brustschleife der Königin Amalie Auguste, besetzt mit 51 großen und 611 kleinen Brillanten oder einen mit Diamanten besetzten Degen. Mittlerweile hat die Soko »Epaulette« sechs Verdächtige in Gewahrsam genommen und dabei Verbindungen zum Diebstahl der 100 Kilogramm schweren Goldmünze Big Maple Leaf in Berlin (siehe S. 109) ausgemacht. Aber auch wenn die mutmaßlichen Täter geschnappt sind: Die Beute ist bis heute verschollen.

Grünes Gewölbe, Residenzschloss, Taschenberg 2
gruenes-gewoelbe.skd.museum

Die Schätze August des Starken: Der Kirschkern mit 185 Köpfen wird im Neuen Grünen Gewölbe gezeigt, das Silbervergoldete Zimmer gehört zum historischen Teil eine Etage tiefer

Schloss voller Preziosen: Im Thronsaal des Badischen Landesmuseums (oben) sind Raritäten wie dieses mit Edelsteinen besetzte Schwert aus dem 18. Jahrhundert zu sehen

3

+++ KARLSRUHE / BADISCHES LANDESMUSEUM +++

Hilda von Baden war Badens letzte Großherzogin. Sie erlebte zwei Weltkriege und sogar noch die Anfänge der Bundesrepublik, bevor sie 1952 starb. Eine eher introvertierte Frau, zugleich freundlich, engagiert, bei der Bevölkerung sehr beliebt – und eine große Kunstliebhaberin, die sich gern mit schönen Dingen umgab. Zu ihren kostbarsten Preziosen gehörte ein Diadem mit 367 Brillanten auf einem Rahmen aus Gold und Platin – wahrscheinlich muss man über dieses Schmuckstück in der Vergangenheitsform reden, denn Experten gehen davon aus, dass das auf einen Wert von 1,2 Millionen Euro geschätzte Stück längst in seine Einzelteile zerlegt wurde. Es verschwand 2017 aus einer verschlossenen Vitrine im Thronsaal des Residenzschlosses, wo es als Exponat des Badischen Landesmuseums zu sehen war. Wie es verschwand, weiß bis heute niemand. Die Scheibe der Vitrine war nicht beschädigt, die Täter wurden niemals ermittelt, das Verfahren ist mittlerweile eingestellt. Für das Museum war der Verlust des Diadems ein harter Schlag, aber nicht der erste. Kurz zuvor war im Herbst 2016 bereits ein weiteres Exponat verschwunden: die Elfenbeinskulptur der Römerin Fulvia, die Ciceros abgetrennten Kopf hält. Geschätzter Wert: eine halbe Million Euro.

Badisches Landesmuseum, Schlossbezirk 10, landesmuseum.de

+++ NUR JEDER VIERTE FALL VON KUNSTDIEBSTAHL IN DEUTSCHLAND WIRD GELÖST +++

FOTOS: ARLENTA APOSTROPHE/STOCK.ADOBE.COM, BADISCHES LANDESMUSEUM/FOTOS: SCHOENEN,

4

+++ DORTMUND / MUSEUM OSTWALL+++

»Wenn's anfängt durch die Decke zu tropfen« – so heißt die Installation von Martin Kippenberger im Museum Ostwall, das Räume im markanten Dortmunder U bespielt und bekannt ist für seine Sammlung zur Kunst des 20. und 21. Jahrhunderts. Und seit 2011 auch für den Eifer einer Reinigungskraft. Kippenbergers Werk – ein Turm aus Holzlatten mit einem schwarzen Maurertrog darunter – zog die Aufmerksamkeit der Putzfrau auf sich. Sie sah, dass der Maurerkübel von einer milchig-weißen Schicht überzogen war, Kalk, Patina – für die Putzkraft im Museum war es Schmutz. Schmutz, den sie mit vollem Einsatz wegwischte. Die zuvor auf 800 000 Euro taxierte Installation werteten Kunsthistoriker danach als zerstört. Kippenberger selbst starb schon 1997. Hätte er die Transformation seines Werks noch miterlebt, womöglich hätte er die Sache mit Humor genommen. Über sich selbst äußerte der Künstler: »Und ich arbeite daran, dass die Leute sagen können: Kippenberger war gute Laune!«

Museum Ostwall, Leonie-Reygers-Terrasse, dortmunder-u.de

5

+++ BERLIN / BODE-MUSEUM +++

Schon das Objekt an sich hat etwas Absurdes. Eine 100 Kilogramm schwere Goldmünze mit einem Durchmesser so groß wie ein Autoreifen. Gemacht aus purem Gold, geschätzter Wert heute: etwa 3,5 Millionen Euro. Ein privater Sammler hatte die Big Maple Leaf 2010 dem Bode-Museum als Leihgabe übergeben, und vielleicht war es gerade dieses massive, schiere Gold, das sie zum Zielobjekt der Diebe machte. Zum Glück, sagen Experten heute, denn: Es wäre womöglich leichter gewesen, aus dem Bode-Museum kostbarere und handlichere Exponate zu entwenden, Schätze wie Donatellos »Pazzi-Madonna« oder Mosaik-Ikonen aus dem alten Konstantinopel, für die das Haus berühmt ist. So dramatisch der Verlust, so ist die Big Maple Leaf doch zumindest kein Unikat: Fünf dieser Münzen wurden 2007 in Kanada geprägt. Ein Stück solcher Größe und solchen Gewichts zu stehlen, braucht ein gewisses Maß an roher Gewalt: Die Täter zertrümmerten das Panzerglas mit einer Axt, sie verluden die Münze auf ein Rollbrett, warfen sie aus dem Fenster und transportierten sie auf einer Schubkarre über die Bahngleise fort. Die Diebe – Mitglieder des berüchtigten Remmo-Clans – sind mittlerweile gefasst und gehören auch zu den Hauptverdächtigen im Fall des Dresdner Juwelenraubs im Grünen Gewölbe. Die Berliner Big Maple Leaf allerdings existiert wohl nicht mehr – sie wurde vermutlich eingeschmolzen und in kleinen Chargen verkauft.

Bode-Museum, Am Kupfergraben, Eingang über die Monbijoubrücke, smb.museum

Museum Ostwall: Hier wurde 2011 Martin Kippenbergers Skulptur »Wenn's anfängt durch die Decke zu tropfen« gründlich gereinigt. Bode-Museum: Ihre Beute aus dem Prachtbau auf der Berliner Museumsinsel schufen Diebe über Bahngleise fort

6

+++ LEVERKUSEN / MUSEUM MORSBROICH +++

Schon lange her, aber einfach zu menschlich: Im Jahr 1973 feierte der SPD-Ortsverein Leverkusen-Alkenrath eines Abends auf Schloss Morsbroich. Der Barockbau ist Sitz des Museums Morsbroich, 1951 eröffnet und damit damals das erste neu gegründete Museum für Gegenwartskunst der jungen Bundesrepublik. Joseph Beuys gehört zu den Künstlern, deren Werke hier damals wie heute immer wieder zu sehen sind, aber auch Gerhard Richters »Tiger« sowie Grafiken von Georg Baselitz und Alfred Hrdlicka. Als die Leverkusener Sozialdemokraten damals im Schloss feierten, fanden sie auf der Suche nach Stühlen ein Beuys-Objekt im Magazinraum: die »Badewanne«, die der Künstler mit Mullbinden, Fett und Pflastern präpariert hatte. Zwei zupackende Damen schrubbten die Wanne mit Scheuermittel sauber, bis sie wieder glänzend weiß war – und spülten dann ihre Gläser darin.

Museum Morsbroich, Gustav-Heinemann-Str. 80
museum-morsbroich.de

7

+++ KASSEL / DOCUMENTA +++

Eine »Treppe ins Nichts« hat die Documenta-Stadt fast ein Jahrzehnt bewegt. Der Hamburger Künstler Gustav Lange hatte sie 1992 im Rahmen der Documenta auf dem zentralen Königsplatz errichten lassen: elf Meter hoch, 32 Meter breit. Die Kasseler mochten das Werk nicht besonders, die Stadtoberen noch weniger, der Künstler aber sperrte sich gegen einen Abbau, und der Streit führte schließlich im August 2000 zu einer Einstweiligen Verfügung. Trotzdem schufen Oberbürgermeister Lewandowski und zwei seiner Dezernenten Fakten und beorderten Bagger auf den Königsplatz, die die »Treppe ins Nichts« bei Nacht und Nebel abmontierten. Einige Zeit später wurden die drei dafür zu Geldstrafen von 13000 bis 15000 Euro verurteilt. Die Treppe ist übrigens nicht das einzige Werk, das den Königsplatz gegen den Willen des Künstlers verlassen musste: Zur Documenta 14 ließ der in Nigeria geborene Künstler Olu Oguibe 2017 einen Obelisken dort errichten. Feurig wurde danach auf beiden Seiten darüber verhandelt, das Werk mit dem Titel »Obelisk. Das Fremdlinge und Flüchtlinge Monument« an einen anderen Standort zu versetzen – bis Oguibe schließlich einwilligte. Der 16 Meter hohe Obelisk ragt nun in der Treppenstraße in die Höhe – und die nächste Documenta naht. Der Königsplatz wird Standort für neue Werke sein. Für wie lange auch immer.

Die Documenta 15 findet vom 18. Juni bis 25. September 2022 in Kassel statt. documenta.de

Ein Barockbau zeigt die Kunst von heute: das Museum Morsbroich in Leverkusen

Stufen, die weichen mussten: Die »Treppe ins Nichts« entstand 1992 auf Kassels Königsplatz

FOTOS: ARLENTA APOSTROPHE/STOCK. ADOBE.COM, MUSEUM MORSBROICH, LEVERKUSEN, DDP/ULLSTEIN BILD

6 wilde Badestellen zum Alleinsein

Von sumpfig-sanft bis sprudelnd-stark: Für sein Buch »Wild Swimming Deutschland« ist **Hansjörg Ransmayr** durch die gesamte Republik gereist und in hundert Seen und Flüsse gesprungen. Diese sechs Orte steuert der Outdoor-Experte besonders gerne an – ihr Wasser ist ein Erlebnis

FOTOS: WERBEAGENTUR RAMSES; ANIMAFLORA PICSSTOCK/STOCK.ADOBE.COM

1

VOGTLANDSEE
WELLNESSKUR IM MOORTEICH

Dass dieser See erst durch einen Staudamm entstand, merkt man kaum, so schön schmiegt er sich in die Wälder im Südwesten Sachsens. Weil das Wasser extrem sauer ist, hat der Vogtlandsee kaum Fische, aber es ist auch sehr weich, angenehm und gut für die Haut, weshalb viele Badende sich nach ihrer Schwimmrunde nicht sofort mit dem Handtuch abrubbeln, sondern den Film des bräunlichen und herrlich nach Wald duftenden Wassers auf der Haut trocknen lassen. Viele Schwimmer gibt es hier freilich nicht – der See, der auch Moorteich genannt wird, ist nur über Wanderwege zu erreichen und somit fest in der Hand der einheimischen Vogtländer.

STEINBRUCH VOGELBERG Mithilfe des Timers seiner Kamera nahm Ransmayr dieses Foto von sich auf, als er die ersten Züge durch den Steinbruch machte

2

STEINBRUCH VOGELBERG NATÜRLICH INDUSTRIELL

Bei meinen Schwimmrunden durch Deutschland haben mich die überfluteten Steinbrüche im Osten besonders begeistert. Den Steinbruch Vogelberg nahe dem sächsischen Kamenz empfahlen mir befreundete Taucher, die sich mit Wasserqualität in der Regel ziemlich gut auskennen. Da es sich im Wesentlichen um Regenwasser handelt, ist das Gewässer sehr weich, klar, und die Sicht unter der Oberfläche ist hervorragend! Auch im heißesten Sommer bleibt der voll gelaufene Granitsteinbruch erfrischend kalt, von den Klippen kann man ins Wasser springen – aber unbedingt auf Hindernisse unter Wasser achten! Es gibt auch eine deutlich risikoärmere Liegewiese im vorderen Teil.

3

BALTRUM DER EINMALIGE GERUCH VON WATT

Als Österreicher bin ich an Bergseen aufgewachsen, das Schwimmen im Meer war für mich eine neue Erfahrung und eine kleine Offenbarung. Weil man durch den hohen Salzgehalt einen enormen Auftrieb erhält, ist das Schwimmen hier deutlich leichter – natürlich nur, wenn man nicht gerade gegen die Wellen ankämpft. Besonders gut gefallen hat es mir auf der kleinen Nordseeinsel Baltrum, hier kann man schön an dem sieben Kilometer langen Hauptstrand baden, von dem allerdings nur der westliche Teil überwacht wird. Bei Ebbe hat das Wasser durch den Schlick bisweilen diesen ganz einmaligen Wattgeruch – schließlich liegt die Insel ja auch mitten im Nationalpark Wattenmeer.

4

ACHTERWASSER SALZIG-SÜSSER LAGUNEN-COCKTAIL

Wie es ist, gleichzeitig in einem Fluss und im Meer zu schwimmen, lässt sich im Achterwasser auf Usedom erleben, wo die Peene in die Ostsee mündet. Nur ein schmaler Deich trennt die beiden, und wenn der Wind richtig peitscht, schwappt schon mal ein wenig Salzwasser in den Strom. Aber normalerweise ist das idyllische Achterwasser perfekt, um auch bei turbulenten Wellen auf See eine ruhige Bahn zu schwimmen. Die 300 Quadratkilometer große Lagune ist ein Vogelschutzgebiet, die kleinen Inseln dienen als Brutplätze und dürfen nicht betreten werden, aber auch so lassen sich viele Spezies beobachten. Und die Sonnenuntergänge über dem Achterwasser sind einfach überwältigend schön.

NORDSEE Das Schwimmen im offenen Meer war für den österreichischen Wild-Swimming-Pionier ein neues Erlebnis – und ein berauschendes noch dazu

ACHTERWASSER Spiegelglatt ist das Wasser der Lagune vor Usedom an vielen Sommertagen. Selbst wenn es hinter dem Deich stürmt, bleibt es hier ruhig

GROSSER STECHLINSEE Ostdeutschlands tiefster See ist auch einer der klarsten – und glitzernd entsprechend umwerfend in der prallen Sonne

TATZELWURM-WASSERFÄLLE Am besten nähert man sich ihnen langsam, empfiehlt Ransmayr. Genau dafür gibt es vor den Wasserfällen einen kleinen Pool

5

GROSSER STECHLINSEE
TIEF UND KLAR

Als würde ich in Trinkwasser schwimmen, so fühle ich mich, wenn ich durch diesen See kraule. Der Große Stechlinsee liegt in einem Naturpark im Norden Brandenburgs, ist mit 70 Metern der tiefste See Ostdeutschlands und galt lange sogar als sauberster See des ganzen Landes. Mittlerweile hat sich der Phosphorgehalt vor allem in den unteren Schichten leider beunruhigend erhöht, aber an der Oberfläche ist das Wasser noch immer extrem klar. Dennoch sollte man das als Anlass nehmen, am Stechlin – und an allen anderen Gewässern – einen Beitrag zu ihrem Schutz zu leisten und zum Beispiel ohne Sonnencreme ins Wasser zu gehen sowie die Badestellen sauber zu hinterlassen.

6

TATZELWURM-WASSERFÄLLE
DIE MASSAGE-BANK IM BACH

Das Schwimmen in Wasserfällen ist eine meiner großen Leidenschaften – kein anderes Gewässer wirkt so belebend! Nicht nur weil das Wasser in der Regel sehr kalt ist, sondern auch, weil es voller Sauerstoff steckt und sich anfühlt, als bekäme man mit Sprudel eine Ganzkörpermassage. Ein Prachtexemplar: die Tatzelwurm-Wasserfälle westlich des bayerischen Ortes Oberaudorf. Insgesamt sind die Fälle etwa 100 Meter hoch und haben unterhalb des zweiten Falls einen schönen Pool. Um Ärger zu vermeiden, nähert man sich den Fällen am besten von oben, denn an ihrem Auslauf liegt ein Hotel. Fantastisch: Beim richtigen Wasserstand kann man sogar hinter den unteren Wasserfall schwimmen!

Einen Sommer lang reiste Autor, Guide und Freiwasserschwimmer Hansjörg Ransmayr durch Deutschland, um die schönsten wilden Badestellen zu finden. Das Ergebnis: Sein umfangreicher Ratgeber **Wild Swimming Deutschland,** erschienen im Verlag Haffmans & Tolkemitt und erhältlich für 22,95 Euro unter www.wildund.cool.

FOTOS: STEFFEN LEHMANN/TMB-FOTOARCHIV, HANSJÖRG RANSMAYR

6:03 UHR.
AUFATMEN.
SEEBAD
TRAVEMÜNDE
travemuende-tourismus.de

Danke, das war **schön!**

Auf ihren Lesereisen lernen Schriftsteller das Land aus immer neuen Perspektiven kennen. Es sind nur leider manchmal nicht die angenehmsten. Unser Kolumnist **Finn-Ole Heinrich** hat seine bizarrsten Auftritte in Deutschland zusammengefasst

ILLUSTRATION **P. M. HOFFMANN**

1. NEUSTADT AM RÜBENBERGE

Es ist der 8. Juli 2006, circa 21 Uhr. Ich (Fußballfan) muss irgendwann in völliger geistiger Umnachtung diesen Auftritt zugesagt haben und stehe mit anderen schlaffen Poetry-Slam-Würstchen auf dem Dach eines Park-&-Ride-Parkhauses am Rande von Neustadt am Rübenberge auf einer Bühne in der einen Ecke des Daches. Auf der anderen Seite steht eine unwirkliche Gruppe Sekt trinkender Neustadt-am-Rübenberger Kulturbürger mit dem Rücken zu mir. Überall, nur nicht auf diesem Parkdeck, ist gerade Fußballweltmeisterschaft in Deutschland, und es läuft das Spiel um Platz drei zwischen Portugal und Deutschland. Drei Tore fallen während meines, naja, »Auftritts«. Jedes Tor ein Schlag in meinen Nacken. Ich höre den Jubel aus der Ferne.

2. RECKLINGHAUSEN

1. Oktober 2010. Ich bin auf Tour mit dem Musiker Spaceman Spiff. 28 Termine in 30 Tagen. Heute: Schneechaos. Wir müssen mit dem Zug von Trier nach Recklinghausen, haben ultraviel Gepäck dabei, alle Züge fallen aus. Irgendwie schaffen wir es trotzdem so gerade pünktlich ins »Café Blond«. Nur leider hat hier keiner auf uns gewartet. Die Leute wollen essen und quatschen. Dann doch: Die Ortsgruppe der Grünen hat sich zum Monatsstammtisch zwei Kulturclowns geladen: uns. Als wir nach der Technik für unser ausgefuchstes Lese-Konzert-Spektäkelchen fragen, stellt uns die (freundliche) Frau den Karaoke-Kassettenrekorder ihres neunjährigen Sohnes hin und sagt: »Ihr seid doch jung, improvisiert ihr halt.« Ok. Wir improvisieren. Alle außer den fünf Grünen verdrehen die Augen und wollen ihre Ruhe. Danach liegen wir beide zusammen im zu kleinen Bett des neunjährigen Karaoke-Kassettenrekorder-Besitzers unter einer Superman-Decke mit präpubertärer Duftnote und lachen, um nicht zu weinen.

An dieser Stelle schreiben unsere Kolumnistinnen und Kolumnisten in unregelmäßiger Folge über die Welt und wie sie ihnen begegnet. Diesmal der Schriftsteller **Finn-Ole Heinrich,** *der Deutschlands Kulturlandschaft gut kennt – von der großen Bühne bis zum kleinen Stammtisch.*

3. HANNOVER

Ich bin zu Gast im selbstverwalteten Kinderladen des AStA. Eine liebe Freundin hat mich gebeten, aus »Frerk, du Zwerg!« zu lesen, wenn ich schon mal wieder in Hannover bin. Ihr Lieblingskinderbuch. Hach, was soll ich sagen? Also ja! Vorlesen soll ich im Tobezimmer. Ein Kind steht auf der Fensterbank hinter mir und brüllt. Zwei hauen sich über mir auf dem Hochbett

auf die Köpfe und bewerfen dann mich und die zwei Kinder, die vielleicht zuhören würden, mit Kissen. Ich lese zwei Sätze und weiß dann, dass man hier nicht lesen kann. Ich fange also an, mit den Kindern zu quatschen. Erzähle ein bisschen von der Geschichte, stelle Fragen: »Der Frerk hier, der sammelt Lieblingswörter. Habt ihr auch Lieblingswörter?« Von irgendwo springt ein Kind vor mich, das ich bis dahin noch nicht gesehen hatte, und brüllt mir aus zwei Zentimeter Entfernung ins Gesicht: »Jaaaa! Scheiße!!! In' Arsch!« Dann wird eine Stereoanlage gegen eine Fensterscheibe geworfen, und ein Student mit Aufsichtspflicht sagt: »Danke, das war schön.«

4. BUCHMESSE LEIPZIG

März 2008. Ich sitze am Tag nach der langen Leipziger Lesenacht mit Kollege und Freund Stichmann auf der Bühne der Leseinsel der jungen Verlage. Messe-Lesungen sind immer ein Krampf. Es ist die dritte oder vierte des Tages. Ich lese eine sehr leise, einfühlsame Geschichte über den Umgang eines Paares mit einer durch einen Unfall erworbenen Behinderung. Ich lese eine Stelle über nicht mehr funktionierende Intimität und Sexualität, da setzt auf der Rückseite der Pappwand hinter uns eine Brassband ein und spielt circa zehn Minuten lang. Ich lese tapfer weiter. Im Augenwinkel sehe ich, wie Kollege Stichmann immer blasser wird und merkwürdig zu wippen beginnt. Dann Würgegeräusche. Eine Sekunde zögere ich und stelle mir vor, wie wir beide über Nacht berühmt werden, weil er live auf der Bühne ins Mikro kotzt. Dann lege ich vorsichtig unter dem Tisch meine Hand auf sein Knie, das hilft. Es geht vorüber. Irgendwie.

5. IRGENDEINE SCHULE, HAMBURG

Irgendwann 2005. Ich habe gerade mein erstes Buch rausgebracht, studiere noch Film, und irgendwie kam es dazu, dass ich in dieser Schule lesen soll. Meine erste Schullesung. Ich klopfe ans Lehrerzimmer, keiner macht auf. Hach, wie früher! Also klopfe ich weiter, bis mir irgendwer mit Kaffeefahne bis zur Bohnenplantage aufmacht und fragt: »Was?«. Ich stelle mich und mein Vorhaben vor, der Mensch mir gegenüber schiebt seine Augenbrauen den Schädel hinauf wie eine Sonnenbrille. Er schließt die Tür. Ich warte. Nach zehn Minuten kommt eine junge Lehrerin, begrüßt mich freundlich, bringt mich in diesen Prototypen von deutschem Lehrerzimmer, stellt mich vor ihrem! festen! Platz ab und entschuldigt sich, sie käme gleich wieder. Ich setze mich. Leider ausgerechnet dem Kaffeefahnenmann gegenüber. Sein Blick trägt einen Zug von Ekel. »Du bist also Schriftsteller?« – »Naja, also…« – »Ha! was schreibselst du denn?« – »Äh, Geschichten. Erzählungen. Gerade einen Roman.« – »Mh. Das ist ja scheiße.« – »Ah. mmh. Und Sie? Was unterrichten Sie?« – »Deutsch.« Also wirklich: Alles wie früher.

MERIAN

ERSCHEINT IM

JAHRESZEITEN VERLAG

EIN UNTERNEHMEN DER **GANSKE VERLAGSGRUPPE**

Chefredakteur	Hansjörg Falz
Stellvertretende Chefredakteurin	Kathrin Sander
Art Direction	Isa Johannsen
Chefin vom Dienst	Jasmin Wolf
Redaktion	Tinka Dippel, Kalle Harberg, Jonas Morgenthaler, Stefanie Plarre, Inka Schmeling
Bildredaktion	Violetta Bismor, Tanja Foley, Katharina Oesten (Leitung)
Layout	Inke Cron, Lena Glauche (stellv. AD, in Elternzeit), Tanja Schmidt
Redaktionsmanagement	Bodo Drazba (Ltg.)
www.merian.de	Jasmin Deiter
Assistenz der Chefredaktion	Lina Malin Lilischkis
Konzeption dieser Ausgabe	Kathrin Sander, Hansjörg Falz (Text), Violetta Bismor (Bild)
Autoren	Antonia Baum, Kristine Bilkau, Dennis Gastmann, Finn-Ole Heinrich, Thomas Pletzinger, Till Raether, Saša Stanišić, Ilija Trojanow, Hans Zippert
Verantwortlich für den red. Inhalt	Hansjörg Falz

Geschäftsführung	Thomas Ganske, Sebastian Ganske, Heiko Gregor (CEO), Peter Rensmann
Brand Owner/Verlagsleitung	Oliver Voß
Head of Editorial Operations	Bartosz Plaksa
Gesamtvertriebsleitung	Jörg-Michael Westerkamp (Zeitschriftenhandel), Thomas Voigtländer (Buchhandel)
Abovertriebsleitung	Christa Balcke
Leitung Leserreisen	Oliver Voß
Head of Sales	Helma Spieker (verantwortlich für Anzeigen), Tel. 040 2717-0
Senior Brand Manager	Henning Meyer, Tel. 040 2717-2496
Anzeigenstruktur	Corinna Plambeck-Rose, Tel. 040 2717-2237
Marketing Consultant	Alexander Grzegorzewski
Ihre Ansprechpartner vor Ort:	
Region Nord	Jörg Slama, Tel. +49 40 22859 2992, joerg.slama@jalag.de
Region West / Mitte	Michael Thiemann, Tel. +49 40 22859 2996, michael.thiemann@jalag.de
Region Südwest	Marco Janssen, Tel. +49 40 22859 2997, marco.janssen@jalag.de
Region Süd	Andrea Tappert, Tel. +49 40 22859 2998, andrea.tappert@jalag.de
Repräsentanzen Ausland:	
Belgien/Niederlande/Luxemburg	Mediawire International, Tel. +31 651 4801 08, info@mediawire.nl
Frankreich/Monaco	Media Embassy International, Tel. +33 (0)6 03 92 09 15, info@media-embassy.fr
Großbritannien/Irland	Mercury Publicity Ltd., Tel. +44 7798 665 395, stefanie@mercury-publicity.com
Italien	Media & Service International Srl, Tel. +39 02 48 00 61 93, info@it-mediaservice.com
Österreich	Michael Thiemann, Tel. +49 40 22859 2996, michael.thiemann@jalag.de
Schweiz/Liechtenstein	Goldbach Publishing AG, Tel. +41 (0) 76 468 83 13, eva.favre@goldbach.com
Skandinavien	International Media Sales, Tel. +47 55 92 51 92, fgisdahl@mediasales.no
Spanien/Portugal	The International Media House, Tel. +34 91 7023484, administracion@theinternationalmediahouse.com

Die Premium Magazin Gruppe im Jahreszeiten Verlag
Gültige Anzeigenpreisliste: Nr. 10
Heft 12/2021 – Top-Spots in Deutschland. Erstverkaufstag dieser Ausgabe ist der 25.11.2021. Redaktionsschluss: 22.10.2021
MERIAN erscheint monatlich im Jahreszeiten Verlag GmbH, Harvestehuder Weg 42, 20149 Hamburg, Tel. 040 2717-0
Redaktion Tel. 040 2717-2600, E-Mail: redaktion@merian.de Internet www.merian.de
Abonnementvertrieb und Abonnentenbetreuung DPV Deutscher Pressevertrieb GmbH, Tel. 040 2103-1371, Fax -1372, www.dpv.de, E-Mail: leserservice-jalag@dpv.de
Merian (USPS no 11458) is published monthly by JAHRESZEITEN-VERLAG GMBH. Known Office of Publication: Data Media (A division of Cover-All Computer Services Corp.), 2221 Kenmore Avenue, Suite 106, Buffalo, NY 14207-1306. Periodicals postage is paid at Buffalo, NY 14205. Postmaster: Send address changes to Merian, Data Media, P.O. Box 155, Buffalo. NY 14205-0155, E-Mail: service@roltek.com, Toll free: 1-877-776-5835
Vertrieb DPV Vertriebsservice GmbH, www.dpv-vertriebsservice.de
Litho K+R Medien GmbH, Darmstadt
Druck und Verarbeitung Walstead Kraków Sp. z o.o., Obrońców Modlina 11, 30-733 Krakau, Polen

EU Ecolabel PEFC

Jahresabonnementspreis im Inland 99 €, für Studenten 49,50 € (inklusive Zustellung frei Haus). Der Bezugspreis enthält 7 % Mehrwertsteuer. Auslandspreise auf Nachfrage. Führen in Lesemappen nur mit Genehmigung des Verlages. Printed in Germany, ISBN 978-3-8342-3307-3, ISSN 0026-0029, MERIAN (USPS No. 011-458) is published monthly by JAHRESZEITEN VERLAG GMBH.

Frankfurter Allgemeine
Weil ich eine Haltung zu Themen haben will und nicht bloß einen Wissensstand.
Jetzt die F.A.Z. abonnieren und den eigenen Standpunkt bestimmen.
Ab 30,90 Euro/4 Wochen. Mehr auf freiheitimkopf.de
Freiheit beginnt im Kopf.

Malerisch: Bei Fridingen durchbricht die Donau das schwäbische Mittelgebirge

Raffiniert: Jörg Geiger macht aus Streuobst köstliche Getränke

Geheimnisvoll: Der Löwenmensch im Museum Ulm ist rund 40 000 Jahre alt

Fürstlich: Das Schloss Sigmaringen bietet viel eklektische Pracht

Schwäbische Alb

URGESCHICHTE Kunst aus der letzten Eiszeit

WANDERN Eine Woche unterwegs auf dem Albschäferweg

HOHENZOLLERN Wo die Dynastie ihren Ursprung hat

STÄDTETOUR Mit dem E-Bike am Neckar entlang

Haben Sie eine MERIAN-Ausgabe verpasst?

Bestellservice: Tel. (040) 2717-1110
E-Mail: sonderversand@jalag.de
oder online bestellen unter
www.merian.de
oder www.einzelheftbestellung.de

Abo bestellen:

Tel. (040) 21031371
E-Mail: leserservice-jalag@dpv.de
oder online unter
shop.jalag.de

Zuletzt erschienen:

Juli 2021

August 2021

September 2021

Oktober 2021

November 2021

In Vorbereitung:
Luxemburg & Esch-sur-Alzette
Sachsen-Anhalt
Valencia

FOTOS: GEORG KNOLL (2), VOLKER RENNER, LUKAS SPÖRL